JN061218

新井京・越智萌 編

ウクライナ戦争犯罪裁判

正義・人権・国防の相克

信 山 社

は じ め に

　戦争が起これば戦争犯罪も生じる。これは否定のできない残酷な事実である。完璧に国際人道法を遵守したクリーンな戦争は，歴史上存在したことはない。武力紛争時に戦争犯罪が多発するのは，戦争遂行の混乱に紛れて，また軍事的利益が重視されることを見越して，武力紛争に乗じて罪を犯す者が後を絶たないからである。敵に対して行われる味方の戦争犯罪は不問に付されやすい「不処罰の文化」がそれに輪をかけることになる。繰り返される戦争犯罪に対して，われわれにできることは何か。ことが犯罪である以上，不処罰の文化に抗いつつ，確実な訴追・処罰を進めることであろう。

　それでは，戦争犯罪は，誰がどのように訴追すべきか。この問題を考えるとき，ロシア・ウクライナ戦争において紛争当事国ウクライナが行っている国内刑事手続きによる戦争犯罪裁判が特に注目に値する。この手続きは，ウクライナ国内において捕虜として拘束された，またはその他犯罪実行者として身元が特定されたロシア側将兵について，通常の国内刑事裁判として行われ，2022年5月のシシマリン事件判決以降，2023年末の時点で52件の有罪判決が下されている。また，この手続きは国際刑事裁判所（ICC）の検察官がウクライナにおいて戦争犯罪について行っている捜査と並行して行われていることも注目される。ウクライナ戦犯裁判の取り組みは，戦争犯罪の実効的な処罰の方法として紛争当事国の裁判所がどの程度機能しうるのかを測る試金石となっていると言える。

　ただし，こうした今日の「戦争犯罪」に関する議論は，国際法の発展に伴って複雑なものとなっており，多くの戸惑い（時には誤解）を人々に与えていると思われる。そもそも国家間の関係を規律する国際法が個人の刑事責任について直接規律し，国際裁判所が個人を裁くことは可能なのか。戦争犯罪といっても，かつて日本やドイツの国家指導者が裁かれた国家的な政策・計画に関わるような「戦争犯罪」から，民間人の殺害や捕虜の虐待といった実行者個人の罪責性が明確な「戦争犯罪」まで様々な事象が議論されており，それらを一律にとらえることができるのか。かかる戦争犯罪を国家が刑事裁判権を行使して訴追することと，国際的裁判所が訴追することの両方が想定されているが，両者の関係はどのようにして決まるのか。そもそも ICC とはどのような組織で，

どのような役割を果たしうるのか。特に ICC での訴追において大きな役割を果たす検察官はどのような立場で捜査や起訴を行いうるのか。

このような根本的な問いに答えうる正確な情報がないままでは，例えばウクライナやガザで生じている様々な「戦争犯罪」に対して，国際社会がどのように向き合っていて，何ができて，何ができないのか，正しく把握することは，できないと思われる。特に日本では，一般的に戦争犯罪の訴追というと，約80年前の東京裁判やいわゆる BC 級裁判の「理不尽さ」のみが強調され，その記憶に基づいてのみ議論されることもある。もちろん，これらの裁判に問題が多かったのは事実であるが，その後の国際刑事法や国際刑事裁判手続きの発展は過小評価されるべきではない。

本書は，このような観点から，また戦争犯罪の訴追をはじめとした国際刑事司法の現状について平易に説明した日本語の書籍がないことを踏まえて，ウクライナにおいて現在進行中の戦犯裁判を素材として，戦争犯罪の処罰のあり方についてわかりやすく解説することを目的としている。ウクライナ国内法に基づく裁判によるこの責任追及が，ICC などの国際的手続きとの競合・協調の狭間でどのように行われてきたのか，それにはどのような意義があるのかを論じる。そのため，第 1 部において今般のロシア・ウクライナ戦争を国際刑事法・武力紛争法の発展の文脈の中に位置づけ，戦争犯罪の処罰に関する具体的な論点と基本的な仕組みを説明している。第 2 部においては，戦争犯罪がそもそもどのように捜査・訴追され，誰が何のために処罰されるのかを解説している。第 3 部では，実際のウクライナ戦犯裁判を，捜査・量刑・刑の執行・日本への示唆などの観点から具体的に検討することでその特徴を浮き彫りにしている。第 4 部においては，それら手続きが国際的な手続きとどのように関係付けられるのかを論じている。

なお，本書に至る執筆者一同の研究の経緯は，国際人道法刑事法研究会という共同研究の枠組みにおいて開始され，それが2023年度の国際法学会研究大会における公募パネルという形式での研究発表につながった。研究大会パネルセッションでの質疑応答では，多数の学会員の皆様のご意見を頂戴した。他方で，戦争犯罪の国内的訴追に関わる前提的な問題についての共同研究の成果は，『法学セミナー』2023年10月号の「戦争犯罪に立ち向かう」という特集に集約されることにもなった。本書は，ウクライナ戦争「開始」以降の国内的な関心の高まりを反映し，共同研究が進展したその成果をまとめた一冊でもある。

　本書で用いるウクライナの国内判例は，ウクライナ最高裁判所のオンライン・データベースに掲載されている判例の原文及びその機械翻訳を基礎にしている。データベースへのアクセス，掲載情報の確認にご協力いただいたメディア関係者の方々に，心より感謝申し上げたい。機械翻訳の正確さを確認するため，またウクライナ法とウクライナにおける司法制度に関する背景情報を確認するため，日本に一時避難しておられるウクライナ人弁護士レオニド・トパル氏による多大なる支援を受けた。トパル氏による情報提供には心よりお礼申し上げる。またこれに関連して文書の翻訳や通訳をお願いした衆議院事務局調査員の田路真也氏，トパル氏をご紹介いただいた国連アジア極東犯罪防止研修所（UNAFEI）の久保裕司検事，UNAFEI への仲介の労をとってくださった ICC の赤根智子裁判所長にも心よりお礼申し上げたい。

　2024年 4 月

編 者 一 同

　〔付記〕　UNAFEI の久保裕司検事におかれましては，トパル氏をご紹介いただいた直後の2023年 7 月に，ご病気のため急逝されました。編者・執筆者一同より，謹んで哀悼の意を表したいと思います。

目　次

は じ め に

第 1 部　総　　論

第 1 章　ロシア・ウクライナ戦争下における国際刑事法の諸相
……………………………………………越　智　　萌……*3*

は じ め に（*3*）

Ⅰ　ロシア・ウクライナ戦争下での研究素材と論点の推移（*4*）

Ⅱ　現代の戦争犯罪裁判における規範のトライレンマ（*8*）

お わ り に（*13*）

第 2 章　国際人道法履行確保手段としての国内裁判 … 新　井　　京……*15*

は じ め に（*15*）

Ⅰ　国内刑事裁判による国際人道法の履行確保（*16*）

Ⅱ　国際人道法の刑事裁判を通じた履行（*18*）

Ⅲ　捕虜の裁判と処罰（*21*）

お わ り に（*25*）

第 2 部　戦　争　犯　罪

第 3 章　戦争犯罪の保護法益……………………………… 松 山 沙 織……*31*

は じ め に（*31*）

Ⅰ　戦争犯罪の定義 ── 広義の戦争犯罪と狭義の戦争犯罪（*32*）

Ⅱ　戦争犯罪とは何か ── 誰が，何を裁くことができる？（*33*）

Ⅲ　戦争犯罪概念の変化 ── 武力紛争法の重大な違反？（*37*）

お わ り に ──「国際社会全体の関心事」が法益化したことの意味（*43*）

第 4 章　戦争犯罪の主体 ………………………………… 久 保 田 隆……*45*

は じ め に（*45*）

　I　犯罪の主体という観点からみた戦争犯罪の特徴（*46*）

　II　武力紛争におけるさまざまなアクター（*47*）

　III　通常犯罪に基づく処罰の可能性（*52*）

　お わ り に（*54*）

第5章　戦争犯罪の指導者処罰と刑事責任の形態 …… 横 濱 和 弥……*56*

　は じ め に（*56*）

　I　戦争犯罪についての正犯責任（*57*）

　II　戦争犯罪についての上官責任（*62*）

　むすびに代えて ── 今般の逮捕状の意義（*67*）

第6章　戦争犯罪の捜査 ……………………………………… 藤 原 広 人……*68*

　は じ め に（*68*）

　I　戦争犯罪捜査の特徴（*69*）

　II　情報処理と証拠分析（*72*）

　III　証拠の分析（*77*）

　IV　ウクライナ戦争における戦争犯罪捜査（*79*）

　お わ り に（*82*）

第3部　ウクライナにおける戦争犯罪裁判

第7章　戦況と国内手続きの特徴 ………………………… 保 井 健 呉……*85*

　は じ め に（*85*）

　I　戦況と武力紛争法違反の特徴（*86*）

　II　ウクライナによる戦争犯罪処罰の国内手続き（*90*）

　III　ウクライナにおける戦争犯罪処罰（*91*）

　お わ り に（*95*）

第8章　国内刑法における戦争犯罪の性質と戦闘員特権

　　　　………………………………………………… 久 保 田 隆……*97*

　は じ め に（*97*）

　I　ウクライナ刑法における戦争犯罪処罰規定（*98*）

Ⅱ　戦争犯罪と通常犯罪の関係
　　──　戦闘員特権による通常犯罪の成立・適用の否定（*100*）

お わ り に（*104*）

第9章　個人の刑事責任をめぐる諸問題 …………… 横 濱 和 弥……*106*
は じ め に（*106*）
Ⅰ　犯行への関与の形態（*107*）
Ⅱ　圧迫および命令に基づく犯罪（*110*）
Ⅲ　量　刑（*113*）
むすびに代えて ── 日本への示唆（*116*）

第4部　ウクライナ裁判所と国際的手続の関係

第10章　国際刑事裁判所における手続との関係 … 尾﨑久仁子……*121*
は じ め に（*121*）
Ⅰ　国際刑事裁判と国内裁判（*122*）
Ⅱ　補完性の原則とウクライナの実体刑法（*125*）
Ⅲ　適 正 手 続（*129*）
Ⅳ　ウクライナの事態における ICC の役割（*131*）
お わ り に（*132*）

第11章　ハイブリッド法廷の観点からの評価 …… 中 澤 祐 香……*133*
は じ め に（*133*）
Ⅰ　ハイブリッド法廷の性質（*135*）
Ⅱ　「ウクライナ特別法廷」の合憲性（*139*）
お わ り に（*143*）

付録1　ウクライナ国内裁判所による判例一覧（2023 年 12 月末現在）（*146*）
付録2　ウクライナ刑法翻訳（関係規定抜粋）（*148*）

執筆者紹介 (＊は編者)

＊越 智　萌（おち・めぐみ）　〔第 1 章〕
立命館大学大学院国際関係研究科准教授
〔主要著作〕
"Taking Illegal Amnesties Seriously: Threefold Approach to the Admissibility Test before the International Criminal Court," *International Criminal Law Review*, Vol. 23, No. 4 (2023),『国際刑事手続法の原理 ── 国際協働におけるプレミスの特定』（信山社，2022 年），『国際刑事手続法の体系 ──「プレミス理論」と一事不再理原則』（信山社，2020 年）

＊新 井　京（あらい・きょう）　〔第 2 章〕
同志社大学法学部教授
〔主要著作〕
『沖縄の引き延ばされた占領 ──「あめりか世」の法的基盤』（有斐閣，2023 年），「武力紛争法を通じた共存 ── ハイブリッド戦争の時代」『論究ジュリスト』37 号（2021 年），"Between *Consented* and *Un-Contested* Occupation," *Israel Law Review*, Vol. 51, No. 3 (2018)

松 山 沙 織（まつやま・さおり）　〔第 3 章〕
大阪経済法科大学法学部准教授
〔主要著作〕
Global Impact of the Ukraine Conflict: Perspectives from International Law（共著，Springer, 2023），「国際刑事裁判所における戦争犯罪の組織性・大規模性要件の位置づけ ── 重大性審査における発現」『国際法研究』10 号（2022 年），「戦争犯罪における武力紛争と行為の間の関連要件の意義 ── 非国際的武力紛争を中心に」『阪大法学』68 巻 3 号（2018 年）

久 保 田 隆（くぼた・たかし）　〔第 4 章・第 8 章〕
信州大学経法学部准教授
〔主要著作〕
Global Impact of the Ukraine Conflict: Perspectives from International Law（共著，Springer, 2023），「自衛官による加害行為と刑法三五条に基づく違法性阻却 ── 防衛出動等における武力の行使を中心に」『法学政治学論究』120 号（2019 年）

横 濱 和 弥（よこはま・かずや）　〔第 5 章・第 9 章〕
北海道大学大学院法学研究科准教授
〔主要著作〕
「被害者ある犯罪における没収・追徴」『刑事法ジャーナル』74 号（2022 年），『国際刑法における上官責任とその国内法化』（慶應義塾大学出版会，2021 年）

執筆者紹介

藤 原 広 人 (ふじわら・ひろと)　〔第 6 章〕
国際刑事裁判所書記局国別分析ユニット長
〔主要著作〕
『スレブレニツァ・ジェノサイド ── 25 年目の教訓と課題』(共著，東信堂，2020 年)，
International Prosecutors(共著，Oxford University Press, 2012)

保 井 健 呉 (やすい・けんご)　〔第 7 章〕
中京大学法学部講師
〔主要著作〕
「心理戦の武力紛争法による規律」『中京法学』58 巻 3・4 号 (2024 年)，「海戦法規の人道
化 ── 海上経済戦における展開」『国際法外交雑誌』121 巻 1 号 (2022 年)，「パレスチナ
の国際刑事裁判所規程締約国としての地位と裁判所の管轄権 ── パレスチナに関する裁判
所の場所的管轄権の第 1 予審裁判部による範囲決定 (2021 年 2 月 5 日)」『国際法研究』10
号 (2022 年)

尾 﨑 久 仁 子 (おざき・くにこ)　〔第 10 章〕
中央大学法学部特任教授
〔主要著作〕
Global Impact of the Ukraine Conflict: Perspectives from International Law(共編著，Springer,
2023)，『国際刑事裁判所 ── 国際犯罪を裁く』(東信堂，2022 年)，『国際人権・刑事法概
論 (第 2 版)』(信山社，2021 年)

中 澤 祐 香 (なかざわ・ゆうか)　〔第 11 章〕
神奈川大学法学部非常勤講師
〔主要著作〕
Global Impact of the Ukraine Conflict: Perspectives from International Law(共著，Springer, 2023)，
「国際刑事裁判所 (ICC) 検察局の訴追戦略の変容 ── 管轄権行使における衝突の構図・
協働の構図」『早稲田法学会誌』69 巻 1 号 (2018 年)

第1部　総　論

第1章　ロシア・ウクライナ戦争下における　　　国際刑事法の諸相

越　智　　萌

は じ め に

　2022年2月24日に開始されたロシア軍によるウクライナ侵攻に続く武力紛争下において，多くの戦争犯罪が行われたと見られている。「ブチャの虐殺」，「イジューム集団墓地」，産科・小児科病棟の破壊，避難民が集まる駅への爆撃，美術館・歴史博物館への攻撃，民家からの電子機器や高性能家電の略奪，住民を地下室に閉じ込めた上での拷問，といった，脳裏に焼き付く蛮行は，国際社会全体の関心事となる重大な国際犯罪（中核犯罪）であり，国際刑事裁判所（ICC）を含む多くのアクターが，かつてない規模での犯罪捜査を開始している。

　国際社会の動きに先んじて，被害国ウクライナは，自国内で拘束したロシア兵捕虜に対して，戦争犯罪裁判を開始している。ウクライナによる国内でのロシア兵に対する戦争犯罪裁判に関する先行研究は非常に限られているものの，議論は進んでいる。不透明性を指摘するアンボス（Kai Ambos）による6月のブログポストに始まり[1]，これに反論し，公正な裁判をおこなう努力がなされているとするヌリザニアン（Gaiane Nuridzhanian）による8月のブログポストが，ウクライナにおける戦争犯罪裁判の正当性に関する議論の口火を切った[2]。2022年11月にはマルチュク（Iryna Marchuk）による論文が，必ずしも国際法に精通しているわけではないウクライナの裁判官らによる法適用の課題を指摘しつつ，ウクライナにおける移行期正義のより広い視点から，この裁判を不処罰の溝を埋める重要な実践であると評価している[3]。そのほか，関連する国際会

（1）　Kai Ambos, "Ukrainian Prosecution of ICC Statute Crimes: Fair, Independent and Impartial?," EJIL:Talk!, 10 June 2022, at www.ejiltalk.org/ukrainian-prosecution-of-icc-statute-crimes-fair-independent-and-impartial（as of 15 September 2022）.

（2）　Gaiane Nuridzhanian, "Prosecuting war crimes: are Ukrainian courts fit to do it?" EJIL:Talk!, 11 August 2022, at https://www.ejiltalk.org/prosecuting-war-crimes-are-ukrainian-courts-fit-to-do-it/（as of 14 February 2022）.

議等が多く開催されている。

　ウクライナにおける戦争犯罪裁判の具体的な特徴や課題についての研究は始まったばかりである。特に，国際人道法や国際刑事司法の専門家による詳細な分析は，情報も限られている中では限界がある。それでも，今後の議論の道筋と，よって立つべき価値観，注意点などについて，今アクセス可能な情報をもとに議論することで，この実践の特徴とこれからの課題への示唆を得ることは重要であろう。

　本章の役割は，今般のウクライナにおける戦争犯罪裁判に対する本書の研究枠組みについて確認することである。第Ⅰ節では，本書の対象と素材を確認する。まず，本事態の推移と，それぞれの段階に応じて利用可能となった検討素材とその限界，そしてそれらに対して巻き起こった学術的議論が対象とした諸問題を振り返る。また，これらのうち，本書の射程外とするものについて，その理由と併せて概説する。次に，第Ⅱ節において，本書の前提となる国際法上の規範的前提を確認する。すなわち，ウクライナにおける戦争犯罪裁判を分析する際の規範的背景となる，過去の戦争犯罪事例の分析とは異なる国際法規範の相克の全体像について解説する。

Ⅰ　ロシア・ウクライナ戦争下での研究素材と論点の推移

1　侵攻直後の時期

　侵攻が開始された2022年 2 月24日直後の時期には，自衛権といった「戦争に向かう」法（*jus ad bellum*）の解釈適用や，侵略を宣言する国際連合（国連）総会，国連安全保障理事会の権能と限界と併せて，侵略犯罪の成否が論じられた。同時に，侵攻から数日後の43か国による ICC への事態付託への日本の参加もあり，ICC の管轄権の範囲と本事態における特殊性についての議論があった。

　3 月末にロシア軍の第一次撤退が開始され，侵攻後 1 か月程度占領下におかれた地域に国際報道が入ったあと，「ブチャの虐殺」として知られる民間人に対する殺害・虐待といった戦争犯罪と，それが示唆すると疑われたジェノサイドに関する犯罪成立に関する議論が始まった。特に，戦争犯罪とはどのような

（ 3 ）　Iryna Marchuk, "Domestic Accountability Efforts in Response to the Russia–Ukraine War: An Appraisal of the First War Crimes Trials in Ukraine," *Journal of International Criminal Justice*, Vol. 20, No. 4（2022）, p. 787, p. 789.

概念なのか[(4)]，国内の通常の犯罪とはどのように異なるのか，また，それはどのような主体によって行われるのかといった点への関心が高まった[(5)]。その後，欧州安全保障協力機構（OSCE）による 4 月の報告書，国連人権高等弁務官事務所（UNOHCHR）の「国連ウクライナ人権監視ミッション」（HRMMU）による連続した報告書によるアップデート，国連人権理事会により設置された「ウクライナに関する独立国際調査委員会」を通じて，民用物に対する攻撃や占領下での文民の虐待等に関する論点がつまびらかにされていった。同時に，国際報道機関，人権活動家やウクライナの報道機関，市民による監視団体等による戦争犯罪証言の収集，記録，分析が続いている。

2　国際刑事司法協力体制の構築

　国際刑事司法協力の進展にも目を見張るものがある。欧州連合の欧州司法機構（ユーロジャスト）の共同捜査チーム（JIT）や，ポーランド等のウクライナ避難民を大量に受け入れる周辺国による捜査協力に限らず，米英仏等による積極的な戦争犯罪捜査への協力姿勢に加え，これらとの協働体制構築の中心を担った ICC とその検察官カリム・カーン氏の動向が注目された。この過程で結ばれた多くの協力合意や政治的宣言，ガイドライン等が分析対象となった[(6)]。

　ICC とウクライナとの関係については，いずれの機関でどの事件を扱うかといった事件配分の問題のほか[(7)]，法的または事実的な事情からウクライナには訴追できない事件について扱うハイブリッド法廷の設置に関する論点が生じている[(8)]。ICC に関しては，2023 年 3 月に，ロシアのプーチン大統領および子どもの権利担当大臣リボワ・ベロワ氏に対して ICC から逮捕状が出され，このような戦地にいない高官の訴追に伴う上官責任の法理を確認することへの関心が高まった[(9)]。また，ハイブリッド法廷に関しては，2023 年 7 月 3 日に「ウクライナに対する侵略犯罪の訴追のための国際センター」が設置されたことにより，法廷自体の設置の議論は棚上げされている[(10)]。

（ 4 ）　戦争犯罪概念について，本書第 3 章参照。
（ 5 ）　戦争犯罪の主体について，本書第 4 章参照。
（ 6 ）　国際刑事司法協力体制構築の初動に関する詳細については，越智萌『国際刑事手続法の原理 ── 国際協働におけるプレミスの特定』（信山社，2022 年）追補参照。
（ 7 ）　本書第 10 章参照。
（ 8 ）　本書第 11 章参照。
（ 9 ）　本書第 5 章参照。

3 ウクライナでの戦争犯罪裁判開始

　国際刑事法の研究者に衝撃を与えたのは，侵攻から 3 か月ほどしかたっていない2022年 5 月13日に，ウクライナの国内裁判所で第 1 件目のロシア兵に対する戦争犯罪裁判が開始されたことである。戦争犯罪の訴追は国際法上諸国に義務付けられているものの，これほどの速さで実現するとはほとんど予想されていなかったのである。

　ウクライナの刑事司法制度が機能している驚きとともに，この国の法制度と手続についての学習が始まった。現代では機械翻訳の貢献が大きく，現地の言語に対する知識に乏しくとも，旧ソ連圏の法制度の傾向に関する比較法的知識と，国連薬物犯罪機関（UNODC）等による情報提供を通じて全体像を把握することができた。またウクライナが全法令と諸判例をオンライン公開している（一部は VPN 接続が必要）こともあり，外国の研究者がアクセスすることができる環境があった。筆者は，これらを定期的に収集し，データベースを作成した[11]。これにより，共同研究のための研究資料の蓄積および統計的検証が一定程度可能となったといえる。それから 1 年以上が経過した2023年12月現在，ウクライナによるロシア兵の戦争犯罪裁判件数は51件，被告人数は74名に上る。

　ウクライナでの戦争犯罪に対する判決が増加するに伴い，その内容の精査が始まった。特に，戦争犯罪の定義や，捕虜の取扱い等の特権との関係，そしてウクライナ国内刑法における責任論や量刑論の検討が必要となった[12]。

4 ロシアによる訴追

　本事態における戦争犯罪裁判の研究を行うにあたり，紛争当事国であるロシアによる戦争犯罪の訴追はもう一つの最も重要な論題である。ロシア刑法も，戦争犯罪を定めている。ロシア刑法356条は，「捕虜または一般市民の残酷な扱い，一般市民の移送，占領地における国有財産の略奪，ロシア連邦の国際条約により武力紛争において禁止されている手段と方法の使用は，最大20年の期間

（10）　越智萌「国際刑事法廷の設置根拠による人的免除への影響 ―― 『侵略犯罪のための特別法廷』設置案の検討」『立命館国際研究』36巻 1 号（2023年）31頁，31頁参照。

（11）　Ukraine War Crimes Trial Database by Megumi Ochi, at https://alkaline-lantana-adf.notion. site/Ukraine-War-Crimes-Trial-Database-66fada9c1e9f416185ac180562814e86?pvs= 4 （as of 1 January 2024）. 戦況の推移とウクライナによる裁判の全体像に関しては，本書第 7 章参照。

（12）　本書第 7 ， 8 ， 9 章参照。

の自由の剥奪によって罰せられる」とする。ロシアは今回の戦争を「特別軍事作戦」と位置づけ，国際的武力紛争であることを認めていないが，戦争犯罪に関するロシア刑法の規定の適用が行われている2022年2月の侵攻以降，ウクライナとの国境にある最大の軍事裁判所であるロストフ・ナ・ドヌの南部地方軍事裁判所が，ウクライナ兵の裁判のために主に使用されている。

　初めて実質的にも形式的にもウクライナ兵に対する戦争犯罪とみられる事案についてロシア国内で裁判が行われたのは，2023年4月のチェレドニク事件である。本件では，文民を殺害したウクライナ兵に対し，19年の拘禁刑が言い渡された。6月には22名の「アゾフ連隊」の構成員に対する訴追が行われた。2024年1月1日のロシアによる公式発表では，これまで200名以上のウクライナ兵に対して長期の有罪宣告を行ったとされているが，これは2014年以降の「残虐行為」に対するものと発表されているため，戦争犯罪に限定した場合の数は不明である。

　ロシアが2月22日に「国家承認」を行ったのちに（国際法に違反するかたちで）「併合」した，ウクライナ東部における「ドネツク人民共和国（以下，DPR）」と「ルガンスク人民共和国（以下，LPR）」も，ウクライナ軍所属兵士の裁判を行っている。国際的に大きく取り上げられたのは，英国籍およびモロッコ国籍のウクライナ軍兵士に対するいわゆる「傭兵裁判」である。DPR裁判所は，ウクライナ軍に従事する外国人3名について，傭兵であるなどとして，2022年6月10日に死刑判決を出したが，欧州人権裁判所が緊急措置を講じ，その後3名とも同年9月に帰国している。

　しかし，ロシア側による裁判記録は管見の限り公開されていないこと，また，海外メディアによる取材は，チェレドニク事件やアゾフ連隊の兵士らに対する裁判の概要に限定され，詳細は明らかにされていないことなどから，ロシアによる戦争犯罪裁判について現時点で詳細な検討をすることは困難である。今後も裁判記録や証言の収集を通じた研究素材の収集が必要となろう。

5　第三国による捜査

　戦争犯罪の訴追義務はジュネーヴ諸条約の全当事国にあることから，第三国による捜査活動も活発化している。多くのウクライナ難民が避難した隣国のポーランド，リトアニアなどが侵攻開始直後から証言の収集を開始したほか，ドイツ，フランス，スペイン，英国といった欧州諸国の戦争犯罪捜査当局がす

ぐに捜査と捜査手法に関する協力を開始した。また米国は積極的に現地入りし，戦争犯罪捜査を行っていることを公表しているほか，米国人に対する戦争犯罪について4名のロシア兵を起訴している。第三国による訴追は始まったばかりであり，実質的な裁判は本書執筆時点では開始されていないが，今後裁判にまで進展する可能性は大いにあり，継続的な注視が必要であろう。

II　現代の戦争犯罪裁判における規範のトライレンマ

　戦争継続中の紛争当事国による戦争犯罪裁判の研究を行うにあたっての，国際法上の規範的前提を確認しておく必要があろう。戦闘継続中に当事国が行う戦争犯罪裁判は，伝統的な国際法においても想定され，また推奨されてきた[13]。しかし，21世紀の戦争犯罪裁判を考えるとき，1990年代以降の諸関連規範の発展を考慮した新たな価値体系の中での位置づけを考える必要がある。なぜなら，その前提となっている規範体系では，1990年代以前とは全く異なる価値観が台頭し，伝統的な価値観との相克が生じているからである。

　この相克の状態を見る視点として，本章では戦争犯罪裁判のトライレンマ（三竦み）という枠組みを提示したいと思う。戦争犯罪裁判のトライレンマを構成する3つの価値とは，正義，刑事人権そして自国民保護である。以下この3つの価値について，それぞれ説明した上で，ウクライナにおける戦争犯罪裁判の場合について見て行きたい。

1　戦争犯罪裁判のトライレンマ

(1)　正　義

　伝統的には，被害国に戦争犯罪の処罰を行う権利があると理解されてきた[14]。しかし，第2次世界大戦後のニュルンベルク裁判や東京裁判の実践を受け，戦争犯罪は国際法上の犯罪として位置づけられることとなり，その訴追および処罰を義務づける規範が成立している[15]。1949年のジュネーヴ諸条約も，各締約国に国際人道法の重大な違反行為を行いまた行うことを命じた疑い

（13）　詳細については，本書第2章参照。

（14）　Hersch Lauterpacht, "The Law of Nations and the Punishment of War Crimes," *British Year book of International Law*, Vol. 21（1944）p. 58, p. 61.

（15）　詳細については本書第2章参照。

のある者を捜査し，また自国の裁判所に対して公訴を提起する義務を設定した[(16)]。

　戦争犯罪等の中核犯罪に対する「不処罰の防止」の価値は，被害者の「犯罪実行者を処罰してもらう権利」と密接に関わっている[(17)]。2005年に国連総会で採択された「重大な国際人権法違反および深刻な国際人道法違反の被害者のための救済と補償措置を受ける権利についての基本原則及びガイドライン」は，国際法上の犯罪を構成する国際人権法の重大な（gross）違反や国際人道法の深刻な（serious）違反の場合には，国家は捜査する責務（duty）を有し，十分な証拠がある場合には当該違反に責任のある者に対する訴追を提起する責務を負い，さらに，有罪と認められた場合には当該者を処罰する責務を国家が負うことを確認している[(18)]。

(2)　刑 事 人 権

　他方で，刑事手続という公権力による個人の身体と自由の制限を必要最小限にし，個人の尊厳を保つための保障を国家に義務付ける，という刑事人権の制度は，マグナカルタから連なる伝統と，各国の憲法，そして国連憲章および各種人権条約において確固たるものとして確立している。公正な裁判に対する権利や拷問の禁止といった規範は，人権という大木の幹として国際社会に根付き，それらをどのような基準で補償するかについての具体的な諸規則，いわば枝葉が，国連や地域的な人権文書において精緻化されていっている。

　ただし，戦争などの緊急事態においては，一定の人権保護義務からの逸脱が認められている[(19)]。しかし，武力紛争下においては，これらの人権保護義務に代わって，国際人道法上の公正な裁判に対する権利の保障が求められることになり，公正な裁判に対する権利がなくなるわけではない。国際人道法においては，ジュネーヴ諸条約第 1 追加議定書75条において，公正な裁判を受ける権利が保障されている。締約国は例えば，「被告人が自己に対する犯罪の容疑の

---

(16)　傷病者保護条約49条から51条，難船者保護条約50条から52条，捕虜条約129条から131条，文民条約146条から148条。

(17)　See, Jesus-Maria Silva Sanchez, "Doctrines Regarding 'the Fight against Impunity' and 'the Victim's Right for the Perpetrator to be Punished'," *Pace Law Review*, Vol. 28, No. 4 (2008), p. 865.

(18)　UN Doc. A/RES/60/147（21 March 2006），Annex, article 4.

(19)　例えば，公正な裁判への権利に関する自由権規約14条や欧州人権条約 6 条からの逸脱が宣言されている。

詳細を遅滞なく知らされる」こと,「被告人に対し裁判の開始前及び裁判の期間中すべての必要な防御の権利及び手段を与える」こと,「法律に基づいて有罪とされるまでは,無罪と推定される」こと,「自己に不利益な供述又は有罪の自白を強要されない」こと,といった権利を保障しなければならない。さらに,武力紛争下で生じる特別な地位である捕虜の身分に付随する各種の特権が守られなければならない[20]。

　被疑者被告人の権利を保障し公正な裁判を確保することは,国際人権法および国際人道法双方における重要な価値であり,戦争という極限状態にあっても,コストとリソースを割いて取り組むべきものと考えられている。

(3) 自国民保護

　しかし第三の価値として,自国民保護がある。自国民の保護は,国家主権に内在する価値の一つであると理解されるが,具体的にどのような射程を持つ国際法制度であるのかについては,必ずしも体系的に明確化されているものであるとは言えない。これは,在外自国民の保護のために武力を行使できるかや,外交的保護が国家の権利であるのか義務であるのか,といった議論と体系的に結びついているものである。

　しかしながら,外国で捕虜になった自国民を帰還させることは,国際人道法においても必ずしも制度として確立しているとは言い難く,政治的な国家間交渉によってのみ実現するものとされてきた。他方で,家族に対する子どもの権利や[21],自国に戻る権利[22],といった人権の考え方からすると,政府が自国民捕虜の帰国に尽力することは,人権の一つとして制度化される必要があるといった議論につながるかもしれない。

　この自国民保護は,戦争との関連で言えば,さらにより多くの自国民戦闘員を確保して,侵略に対してあらがい,領土と主権を回復する国家の義務,といった議論につながり得る可能性を秘めている。

2　ウクライナによる戦争犯罪裁判におけるトライレンマ

(1) 正義─刑事人権

正義と刑事人権の相克は,強引な捜査,法適用,欠席裁判の実施,量刑と

---

(20)　本書第 2 章,第 4 章参照。
(21)　子どもの権利条約10条等。
(22)　自由権規約12条 4 項等。

いった各段階で現れていると言える。戦争において迅速な捜査を行い，真実・正義・賠償への被害者の権利を保障しようとすると，刑事人権への充分な配慮が確保できないといった価値の相克が生じる。本書の第 3 部で分析する実際のウクライナにおける戦争犯罪裁判の各事件でも，精神的な抑圧を加えた形での自白に依拠した疑いのあるものや，弁護人がいくつかの手続きに参加できなかったこと，また無罪推定が確保されていないことなどが国連の報告書によって指摘されている。また，武力紛争法違反の認定や責任法の適用に関して，必ずしも国際法と整合的かどうかが厳密に検討されていないような判例が見られる点も挙げられる。さらに，量刑に関しても，従来の国際法廷における基準との比較から，非常に重い量刑が宣告されていることが指摘されている。

　ウクライナにおける戦争犯罪裁判における権利保障との関係で最も注目されるのは，欠席裁判の利用である。本書執筆時点でも，50 件余りの裁判中およそ 5 分の 4 の事件が被告人欠席で行われている。欠席裁判は，原則的には刑事人権としての在廷権の侵害となるが，欧州人権裁判所等の判例上，十分な通知と再審の機会を保証することを条件に許容される傾向がある[23]。ウクライナでは，2022 年の侵攻を機に欠席裁判が許容されるための条件と手続を整備し，欠席裁判を許容する特別手続が活発に行われている[24]。欠席での裁判は，真実の確定と被害の公的な認知という意味で，被害者にとって一定の意義があると考えられるものの，実質的な刑罰につながらないことから武力紛争法の履行確保の観点からは効果について疑問も残る上，外国での有罪判決に実質的に再審の機会がないことから，在廷権の侵害に当たらないかは検討が要される。

(2)　刑事人権—自国民保護

　次に，刑事人権と自国民保護の相克に関しては，ロシア兵捕虜の取扱い基準との関連での問題と，捕虜交換に際しての帰国を望まないロシア兵の取扱いの問題がある。ウクライナは，ロシアによる侵攻以前から，欧州人権条約締約国の中でも人権侵害の件数の多さでロシアに次いで第 2 位であり，また，違反が認められた条項については，両国とも「公正な裁判に対する権利」の侵害がトップ 3 に入っている。ウクライナに関しては，特に，仮釈放の可能性のない終身刑の制度や，弁護人へのアクセス，自白の強要・誘導といった点が問題となった事例が目立つ。

（23）　詳細は，越智『前掲書』（注 6）第 3 章参照。
（24）　本書第 7 章参照。

　また，ロシアは今般，ロシア兵士のウクライナへの投降を自国で処罰することを明言しており，これが原因でロシアへの捕虜交換の対象となることをロシア兵本人が拒否する事例も想定される。また，ロシアによる戦争犯罪の告発を行うロシア兵も見られ，そうした内部証人に対していかなる保護措置が取られるべきかが論点となり得る。ロシア兵の捕虜交換が実現しなければウクライナ国民を帰還させることができないが，帰国後のロシアで拷問や死刑の恐れがある者の引渡は，ノンルフールマン原則といった国際人権法の違反となる可能性がある。

(3) 自国民保護―正義

　自国民保護と正義の相克は，従来の「平和対正義」の議論[25]と近接する視点であると言える。具体的には，捕虜交換がウクライナ兵を帰国させるのに唯一有効な手段である場合，戦争犯罪を行った疑いのある者や有罪となった者を捕虜交換のために釈放することで，事実上の恩赦が受刑者に与えられることになるとの懸念が示されている。戦争犯罪について有罪となった者について，適当な処罰を確保する処罰義務があるかどうかは，従来から議論されてきた。戦争犯罪を含む中核犯罪に対して恩赦を与えるべきではないという規範の発展が示唆されるものの，例えば ICC 判例ではこの規範はいまだ認定されていない[26]。

　ウクライナの実践を見ると，ウクライナでの戦争犯罪の対象となっているのが下級兵士のみであるというのは，捕虜交換の影響が大きいと考えられる。例えば，1件目のシシマリン事件や3件目のクリコフ事件で被告人に戦争犯罪の実行を命じたとされる上級兵士らは，すでに捕虜交換でロシアに帰国している。さらに，7月28日にウクライナ議会は，犯罪容疑者，被告人，有罪判決を受けた者を含む捕虜の交換に関する国内法を制定した[27]。これにより，例えば2件目の事件で有罪判決を受けたイヴァノフは，捕虜交換でロシアに帰国させる

（25）　詳細は越智萌「露ウ戦争と Jus post bellum ――変革的正義のための制度設計にむけて」有斐閣 Online ロージャーナル（2023年）参照。

（26）　See, Megumi Ochi, "Taking Illegal Amnesties Seriously: Threefold Approach to the Admissibility Test before the International Criminal Court," *International Criminal Law Review*, Vol. 23, No. 4（2023）, p. 580, p. 589.

（27）　Law of Ukraine "On amending Criminal Code, Criminal Procedure Code and other legislative acts concerning legal procedure of exchanges of prisoners of war" No. 2472-IX of 28 July 2022.

ために11月18日に釈放されている。

　捕虜交換は，これによりロシアで捕虜となったウクライナ兵の帰還を実現できることはもちろん，ウクライナ国内で拘束しているロシア人捕虜・受刑者の拘束コストを減らすことにもつながり，こうした実践的な必要性と道義的観点から実施されているものと考えられる。捕虜の交換は，階級によってその交換価値が決定されているようである。例えば，アゾフスタリ防衛戦に参加していたウクライナ指揮官 5 名については，ロシア人捕虜55名と交換する，といった形である。また，外国人の捕虜に関しても，ロシア兵捕虜との交換の対象となっている。より上級のウクライナ兵を帰還させるために，ロシア兵捕虜の頭数を増やすことが必要となり，戦争犯罪で有罪判決を受けた者までもこの対象となっている。自国民保護のために正義をあきらめて捕虜交換に差し出すか，正義のためにウクライナ兵の帰国をあきらめるか，ウクライナ政府には難しいジレンマが突きつけられていると言える。

　さらに困難な課題として残るのは，自国兵士である戦争犯罪実行者の訴追である。OHCHR によれば，25名の捕虜または投降したロシア兵がウクライナ兵により殺害されたことや，100件以上の拷問や虐待の事例が報告されているが，捜査が行われているのは 3 件についてのみである[28]。戦争継続中の自国兵士の訴追は，敵国兵士の訴追よりも大きな困難を伴う[29]。

お わ り に

　本章では，ロシア・ウクライナ紛争下で生じた戦争犯罪に対する研究素材および諸問題を概観した上で，ウクライナによる戦争犯罪裁判を分析する際の背景となる国際法規範の全体像と価値の相克について整理した。ウクライナにおける戦争犯罪裁判のトライレンマは，国際法上の権利主体としての被害者の台頭と「不処罰の防止」の重大な価値，および近年精緻化され向上してきた刑事人権の具体的規範，そして，ウクライナによる奮戦とナショナリズムに鼓舞された自国民保護という新たな権利主体の価値の重視，といった，規範のうねり

（28）　OHCHR report on the Treatment of Prisoners of War and Persons Hors de Combat in the Context of the Armed Attack by the Russian Federation against Ukraine: 24 February 2022 – 23 February 2023（OHCHR, 24 March 2023）, paras. 90, 127.

（29）　本書第 2 章参照。

が，戦争犯罪裁判という営みを通じて出現したものであるといえると思われる。

　ウクライナにおける戦争犯罪裁判の研究が注目していかなければならない諸課題として，上記の国際法規範のトライレンマを背景とした，ウクライナ以外のアクターの役割もある。しかし，上で挙げたように，戦争犯罪裁判を活発に行っていると公式に発表されているロシアに関しては，判決文等の裁判資料へのアクセスができていないこと，また，50余りの国内判決を出しているウクライナと比べ，他の手続きの進展は思わしくないことから，現時点での研究は困難である。他方で，ICC において問題になり得る手続的論点や，ハイブリッド法廷の構想に関する議論については，これまでの判例や事例を整理しておく必要があろう。今後，この紛争がどのような終わりを迎えるのか，それがいつなのかは，全く見通しがつかない。この時点で結論を出すことはもちろんできないにせよ，今ある素材の限界を認識しつつ，背景にある規範体系を理解し，それによって生まれた価値の相克に自覚的でいることは，目指すべき方向性を議論する際に不可欠な前提条件であると思われる。

〔付記〕本章は，『法学セミナー』825号（2023年10月）に掲載の拙稿に加筆したものである。また，2022年度国際人道法刑事法研究会公開ウェビナー第 2 弾「ロシア・ウクライナ紛争下における戦争犯罪とその処罰」（2023年 2 月18日，国際人道法刑事法研究会）での報告「戦闘継続中の戦争犯罪裁判の位置付け：ウクライナ戦争犯罪裁判のトライレンマ」で発表した研究成果を含む。本研究は，JSPS 科研費23K12376の助成を受けている。

第 2 章　国際人道法履行確保手段としての国内裁判

新 井　　京

は じ め に

　ウクライナ戦争やイスラエル・ガザ戦争は，残念ながら，人々に「戦争において法は沈黙する（*inter arma silent leges*）」というキケロの言葉を実感させる状況にある。国際人道法は武力紛争という過酷な状況に適用される法であるがゆえに，その違反は常に深刻な結果をもたらす。違反が広範に行われ，繰り返されることになれば，国際人道法の存在意義そのものが疑われるのも当然である。よって「戦争にも制限がある（Even wars have limits）」[1]という呼び掛けに現実味が伴うためには，国際人道法の違反が実効的に抑止され，違反が発生した場合にもそれを停止させ，違反の責任が追及されうる「履行確保」の仕組みが機能している必要がある[2]。1977年の第 1 追加議定書と第 2 追加議定書，赤十字国際委員会（ICRC）による慣習国際人道法研究[3]などによって戦闘方法・手段および犠牲者保護を規律する国際法の規範形成・確認は大きく進んでいる。今日において，悲惨な戦争犯罪を防ぐために最も求められるのは，この「十分な」規範の履行をいかに確保するかであろう。

（ 1 ）　International Committee of the Red Cross（ICRC）が1999年の1949年ジュネーヴ諸条約採択50周年にあたって採用した標語。
（ 2 ）　黒﨑将広・坂元茂樹・西村弓・石垣友明・森肇志・真山全・酒井啓亘『防衛実務国際法』（弘文堂，2021年）555頁。
（ 3 ）　Jean-Marie Henckaerts and Louise Doswald-Beck（eds.）, *Customary International Humanitarian Law*, Vol.I,（Cambridge University Press, 2005）.

I　国内刑事裁判による国際人道法の履行確保

1　国際人道法履行確保手段の重要性

　国際法は，国による法の遵守を確保する仕組みが弱い。集権的法適用・執行機関を欠くため，多くを国家相互間の復仇や対抗措置のような水平的な自力救済に依存している。こうした国際法の弱点は，国際人道法において一層深刻である。国際人道法は，すでに武力紛争に従事する当事者間に適用されるため，その違反をめぐる対立・紛争が平和的に処理される望みが薄く，紛争当事国は国際人道法の解釈適用に関する紛争を，更なる暴力で処理しようとする傾向もある。加えて，国際人道法の遵守に関する第三国による働きかけも期待できない。当該第三国が中立を維持したい場合にも，一方当事国を支援したい場合にも，働きかけが紛争当事国との関係に微妙な影響を及ぼしうるからである[4]。

　このように，履行確保が強く必要とされながら，武力紛争という特殊な状況で適用されることによる難点を反映して，国際人道法は他の国際法の分野には見られない履行確保の手段を発展させてきた。各国に国際人道法の履行を促す契機になるものを網羅的に列挙するならば，世論の圧力，当事国間の相互主義，復仇される恐怖，各国軍隊内の規律維持，各国での刑事手続き・懲戒手続き，民事または国際的な損害賠償請求，「利益保護国」の働きかけ，赤十字国際委員会（ICRC）・国連・他国・NGO などによる働きかけ，「国際的事実調査」などが想定される[5]。

2　国内刑事裁判手続きの意義

　その中でも，刑事訴追により国際人道法違反を処罰することは，起こってしまった違反状態を是正し，未来の違反を抑止する最も効果的で現実的な方法の一つとされる[6]。伝統的に，こうした処罰は，国内裁判所が専ら行うものだっ

（4）　Marco Sassòli, Antoine A. Bouvier, and Anne Quintin, *How Does Law Protect in War?* Vol. 1 , 3rd ed. (ICRC, 2011), pp.354−355.

（5）　Silja Vöneky, "Implementation and Enforcement of International Humanitarian Law," in Dieter Fleck (ed.), *The Handbook of International Humanitarian Law*, 4th ed. (Oxford University Press, 2021) p.695; Office of General Counsel, Department of Defense, *Department of Defense Law of War Manual* (2015), para.18.10.

（6）　Robert Kolb, *Jus in bello*, 2e éd. (Helbing Lichtenhahn, Bruylant, 2009), p.488.

た。

　今日では，国際刑事裁判所（ICC）の活動も重要になっている。しかし ICC 規程前文によると，そもそも「国際的な犯罪について責任を有する者に対して刑事裁判権を行使することがすべての国家の責務」であり，ICC は「国家の刑事裁判権を補完する」に過ぎない。実質的にも，ICC が中核犯罪に責任のある比較的高位の者を訴追するのに対して，各国の裁判所は，それよりも下位の犯罪実行に近い者を訴追することができる[7]。また，国家の国内刑事司法・軍法の制度の利用は，国際人道法の違反に責任のある指揮官や兵士を直接罰することを可能とし，履行確保手段として実効性が高いとも考えられる。さらに，国際裁判所に比べたメリットとして，自国で発生し，または自国兵士が行った戦争犯罪を現地国内裁判所が訴追した際には，被疑者や被害者との近接性，地元メディアによる頻繁な報道などにより，戦争犯罪の当事者（被疑者・被害者ともに）に責任追及に関するある種のオーナーシップが生まれるとも指摘される[8]。

3　国内裁判手続きの制約要因

　その一方で，国内裁判手続きの利用に対する制約要因もある。まず，国家が自国将兵の処罰に消極的とならざるを得ない政治的・軍事的理由が想起される。例えば，裁判手続きそのものが軍事作戦を直接妨げるおそれがあること，「軍功」をあげた将兵の処罰が自国民の士気に悪影響を及ぼす可能性があること，裁判を通じて被告人個人にとどまらない国家としての法的責任が明らかになり敵国に批判材料を与えうること，などである。国際人道法は，その重大な違反を処罰し，それ以外の違反を防止する義務を締約国に課しているが，裁判が行われても，自国将兵に対する身びいきのような，不当な判決も多々ある[9]。ICC が補完性判断の過程で，各国裁判所による「訴追を真に行う意思」の欠如を問題にしている（17条）のは，このような事情があるからである。

（7）　Carsten Stahn, *A Critical Introduction to International Criminal Law* (Cambridge University Press, 2018), pp.184-185.

（8）　Elizabeth B. Ludwin King, "Big Fish, Small Ponds: International Crimes in National Courts," *Indiana Law Journal*, Vol. 90, No. 2 (2015), p. 829, pp.833-837.

（9）　ヴェトナムのミライ村事件に関わる US v. William L Calley, Jr (US Court of Military Appeals, 21 Dec 1973), 22 USCMA 534, アフガニスタンでのタリバン負傷兵の殺害に関する Reg v. Blackman (UK Courts Martial Appeal Court) [2014] EWCA Crim 10209 (22 May 2014) が例としてあげられる。

また，国家が敵国の要員を武力紛争中に裁判し処罰する場合には，そもそも被告人の身柄を確保することが難しい。欠席裁判を許容する場合は別にして[10]，訴追対象は捕虜として自国の権力下に置かれた者に限られる。敵国の手中にあり「弱い」立場にある者（戦争犠牲者）に対する裁判や処罰は，不当に厳しいものとなる傾向があるため[11]，国際人道法は捕虜の裁判に関するセーフガードを設けている。しかし，敵の将兵を厳しく処罰することに，次のような軍事的利益があることも否定できない。特定の敵の行為を厳しく処断する姿勢を示すことにより，当該行為を抑止することができる。また処罰されることを避けるため，または捕虜として拘束されることそのものを回避するため，敵軍の行動半径が狭められる。さらに当該違反行為によって被害を受けた自国民の士気も高めることができる。そうした軍事的利益を前提にしつつ，捕虜のために公正な裁判をいかに確保するのかが，国際人道法の発展過程において繰り返し議論になってきた。

もう一つの可能性としては，第三国が武力紛争中に紛争当事国指導者・将兵の国際人道法違反について刑事訴追を行うことも考えられる。その場合には，被告人の身柄確保が困難であることに加えて，第三国は紛争当事国のように属地主義・属人主義などに基づく管轄権の設定ができず，多くの場合普遍主義の援用が必要となる。そのため，法制度の未整備など，法的障害がありうる。また，第三国による訴追は，関係する紛争当事国との関係を害する可能性もあり，政治的・外交的な困難を引き起こす場合もある。

II 国際人道法の刑事裁判を通じた履行

1 国家責任解除のための国内裁判手続き

戦争の法規慣例の違反に責任のある個人を処罰することは，古くから戦争法の不可欠の一部とされ，兵士による遵守を確保する重要な手段と見なされてきた[12]。

---

(10) 欠席裁判については本書第1章II 2 (1)を参照。

(11) 日本が第2次世界大戦中に行った米軍パイロットの即決処刑などの事例（詳細は注26を参照）。

(12) ICRC, *Commentary on the First Geneva Convention*（Cambridge University Press, 2016），para. 2823.

　国際人道法違反は国家の国際責任（国家責任）を生じさせる[13]。戦争法・国際人道法の履行に関して，「紛争当事者は，自国の軍隊に属する者が行ったすべての行為について責任を負う」（第 1 追加議定書91条。ハーグ陸戦条約 3 条も同一内容）こととなっている。こうした国際法上の責任制度を担保し，違反が生じた場合に責任を解除する重要な手段として，国内刑事裁判による責任追及は国際人道法規範に内蔵されている。すなわち，国際人道法は，正規に構成された軍隊が，懲戒制度と上官責任の法理を通じて同法の遵守が確保されるメカニズムを備えていることを想定している。また第 1 追加議定書は軍隊が「部下の行動について当該紛争当事者に対して責任を負う司令部の下にある」べきこと（43条 1 項），つまり，司令部が部下の行動を監督することを前提としている[14]。このような軍隊の指揮系統を利用した遵守確保の仕組みは，国際人道法が上官責任の制度を構築している点からも例証される。第 1 追加議定書87条は，自らの「指揮の下にある軍隊の構成員及びその監督の下にあるその他の者による…違反行為を防止・抑止し，必要があれば権限のある当局に報告する」（ 1 項），「適当な場合には…懲戒上又は刑事上の手続を開始する」ことを指揮官に義務づけるよう締約国に要求している。指揮官は，部下の違反行為を「認識」しながら「防止し又は抑止するためにすべての実行可能な措置をとらなかったとき」には，自身が刑事責任を負うことになる[15]。

2　国際人道法違反処罰義務の発展

　国際人道法の履行を各国が担保する構造は，違反を捜査する義務が締約国・紛争当事国に課されることにより補強されている。

　この点，法典化初期，例えば，1899/1907年のハーグ陸戦規則では，条約上違反者の処罰について明確に規定することはなかった。しかし，第 1 次世界大

（13）　International Law Commission, *Draft Articles on Responsibility of States for Internationally Wrongful Acts*, November 2001, Supplement No. 10（A/56/10）, Chapter IV.E. 1 , Articles 1 and 2 .

（14）　David Turns, "Implementation," in Ben Saul and Dapo Akande（eds.）, *The Oxford Guide to International Humanitarian Law*（Oxford University Press, 2020）, p.376. 非国際的武力紛争に関わる当事者の要件としても「（第 2 追加）議定書を実施することができるような支配を責任のある指揮の下で当該領域の一部に対して行う」こととしており，国際人道法を一定の統治機構の中で実施することが，紛争当事者の前提となっている。

（15）　この上官責任の制度は，ICC 規程28条に反映された。

戦での経験を踏まえて，1929年に採択された赤十字条約は大きな飛躍となった。同条約は，「濫用及び違反の禁制」という章を設け，「其ノ刑法不十分ナル場合ニハ本条約ノ規定ニ反スル一切ノ行為ヲ戦時ニ於テ禁止スルニ必要ナル措置ヲ執リ，又ハ之ヲ其ノ立法機関ニ提案」（強調筆者）すべきことを規定した（29条１項）。

　第2次世界大戦における広範かつ深刻な戦争犯罪とそれに対する戦後の各国国内裁判所または国際裁判所による刑事訴追の経験を経て，1949年のジュネーヴ諸条約は，より包括的で効果的な処罰確保の仕組みを規定した[16]。1949年のジュネーヴ諸条約および1977年の第1追加議定書は，同条約および議定書の違反を重大なものとそれ以外の違反に分類している。前者については，締約国は重大な違反「を行い，又は行うことを命じた者に対する有効な刑罰を定めるため必要な立法」をする義務並びに，そのような「疑のある者を捜査」し，「自国の裁判所に対して公訴を提起」する義務を負っている（ジュネーヴ諸条約49/50/129/146条1，2項）。それ以外の違反についても「防止（suppression/ faire cesser）するため必要な措置」を執ることが義務づけられる（同3項）。3項にいう「防止」とは，起草過程における語句の変遷を参照すると，締約国にすべての条約違反に対応する義務を負わせる効果を持ち[17]，刑事的対処のみならず非刑事的な懲戒処分を含めた措置をも包含すると考えられる[18]。

　また，包括的な義務として，ジュネーヴ諸条約と第1追加議定書に共通の1条は，締約国に「すべての場合において，この条約／議定書を尊重し，かつ，この条約／議定書の尊重を確保すること」を求めている。この条項は，締約国に自国軍隊内において実効的な条約・議定書の遵守を確保する義務を課すが，そのために最も効果的な方法は，そうした違反が個人によって行われることに鑑みると，違反の捜査と責任者の処罰であると言えよう[19]。

（16）　ICRC, *supra* note 12, para. 2830.

（17）　Ibid, para. 2895.

（18）　The Geneva Academy of International Humanitarian Law and Human Rights and the ICRC, *Guidelines on Investigating Violations of International Humanitarian Law: Law, Policy, and Good Practice*, 2019, paras.15-16.

（19）　Amichai Cohen and Yuval Shany, "Beyond the Grave Breaches Regime: The Duty to Investigate Alleged Violations of International Law Governing Armed Conflicts," *Yearbook of International Humanitarian Law* Vol. 14（2011）, p. 37, p. 44.

III　捕虜の裁判と処罰

1　捕虜の処罰

このような戦争法・国際人道法違反に関する刑事訴追は敵国によっても行われる[20]。伝統的戦争法の時代から，捕虜を刑事訴追し，有罪判決に基づいて処罰することは可能であるとされてきた。その裁判権の根拠は基本的には自国の兵士を処罰する根拠と同一と考えられるが，問題となるのは，それが捕虜としての地位・保護とどのように整合するかである。

捕虜を捕虜交換や宣誓釈放により随時解放するのではなく，戦争終了まで長期に拘束することが常態化すると[21]，抑留国には捕虜を一定期間管理する必要が生じたが，それは同時に捕虜による規則違反が広範に起こりうることも意味した[22]。1899年のハーグ陸戦規則 8 条が，次のように規定するのは，そのような事態を想定していたからである。

「俘虜ハ之ヲ其ノ権内ニ属セシメタル国ノ陸軍現行法律，規則及命令ニ服従スヘキモノトス。総テ不従順（insubordination）ノ行為アルトキハ，俘虜ニ対シ必要ナル厳重手段ヲ施スコトヲ得。」

捕虜は，抑留されている間，抑留国軍隊に適用される規則に服従することが求められ，違反に対しては厳重な処罰が想定された。しかし，捕虜に抑留国兵士と同様に法令を遵守させることは，「抑留国への忠誠」義務を課されない捕虜に関しては不完全なものとなりやすい。捕虜が懲罰の名目で抑留国の恣意的な取扱いの対象となる危険もあった。そのため，第一次大戦後 ICRC が初めて捕虜のための条約（1929年俘虜条約）を起草した際，懲戒と刑罰についての詳細な規定が必要とされた。

1929年俘虜条約はハーグ陸戦規則と同様に俘虜が「陸軍法律，規則及び命令」に対して「不従順」である場合の厳罰を予定していた（45条）が，彼らが「捕獲国の軍事官憲及び裁判所に依り同一事実に付き該国軍隊の軍人に対する

（20）　ICRC, *supra* note 12, para.2823.

（21）　Stephen C. Neff, "Prisoners of War in International Law: The Nineteenth Century," in Sibylle Scheipers（ed.）, *Prisoners in War*（Oxford University Press, 2010）, pp.57-62.

（22）　Howard S. Levie, *Prisoners of War in International Armed Conflict*（International Law Studies, Vol. 59）, pp. 315-317.

と異なる罰を課せらるること」を禁止し（46条1項），また捕虜に対する「判決は，捕獲国軍隊に属する者に関すると同一の裁判所に於いて，且つ同一の手続きに依りてのみ言渡さる」（63条）べきだとした。捕虜と自国将兵の「同一取扱原則（principle of assimilation）」である。それに加えて，弁護人・通訳選任権（62条），自白の強要禁止（61条），残酷な刑罰・集団罰の禁止（46条3，4項）などの裁判上の基本的権利，ならびに利益保護国に対する訴訟・判決の通知義務（60，65，66条）と利益保護国の訴訟参加権（62条3項），捕虜が利益保護国代表者に異議申立を行う権利（42条2項）などの手続的保障も規定された。これらの保障は，1949年の捕虜条約において取り込まれ，拡充されることとなった。

2　捕虜となる前の「戦争犯罪」の訴追

　1929年条約における捕虜の裁判上の基本権と手続的保障は画期的なものであったが，第2次世界大戦時に大きな問題が生じた。それは，連合国・枢軸国を問わず，各国が，1929年条約上の保障は，「捕虜となった後」，拘束期間中に犯した法律・規則違反を想定したものであり，捕虜となる前に行った戦争犯罪については自国将兵との「同一取扱」の原則が適用されないとの立場をとったことである。この見地から，捕虜となる前に行った戦争犯罪についての敵国軍人の裁判を，アドホックな特別法に基づき，簡易化された裁判手続きにより行う実行が広範に見られた[23]。諸国の一致した理解では，「戦争法に違反した者はそれによる保護を受けられず」，捕虜の資格も要求できないとされた[24]。

　例えば米国は，軍事委員会（Military Commission）を設立して，敵国軍人による「破壊行為，諜報行為，敵対行為もしくは戦争に類する行為，または戦争法の違反」を訴追した。軍事委員会は，敵国民のための特別な手続きであるが，大統領の戦争権限に含まれるものとして正当化された[25]。軍事委員会の手続きが1929年条約の同一取扱原則に反するという申立てに対して，米連邦最高裁

---

(23)　In re Yamashita, 327 U.S. 1 (1946), 4 February 1946; Trial of Robert Wagner et al., Permanent Military Tribunal at Strasbourg, 23 April to 3 May 1946, Law Reports of Trials of War Criminals, Vol. 3, p.23; Trial of Hans Albin Rauter, Netherlands Special Court in The Hague, 4 May 1948, Ibid., Vol. 14, p.89.

(24)　Jean S. Pictet (ed.), *Commentary; The Third Geneva Convention* (ICRC, 1960), pp.413–414.

(25)　Ex Parte Quirin, 31 July 1942, 317 U.S. 1 (1942), at 26–27.

は，同一取扱原則は捕虜である間に犯した罪に関するものであり，戦闘中に行った戦争法違反に関するものではないと判示した[26]。

　このような傾向に対して，ICRC は，第 2 次世界大戦後のジュネーヴ条約改定作業にあたって，当初支持は限定的だったものの，「捕虜とされる前に行った行為について訴追された捕虜も条約上の利益を引き続き享有する」という提案を行った。この提案が，1949年捕虜条約85条の以下の規定に結実した。

　「捕虜とされる前に行った行為について抑留国の法令に従って訴追された捕虜は，この条約の利益を引き続き享有する。有罪の判決を受けても，同様である。」

　しかしこの問題に関して外交会議の議論は紛糾し，本条に対しては東側諸国により留保が付された[27]。代表的なソ連の留保は，「ソ連は，ニュルンベルク裁判の諸原則に従った戦争犯罪及び人道に対する犯罪に関する抑留国の法の下で有罪とされた捕虜に対して，この条約の適用を拡張する85条に基づく義務には拘束されない…かかる罪により有罪となった者は，処罰国において得られる処遇に服すものと理解されるからである」という内容だった。ソ連の説明は次の通りであった。

　「ソ連法の下で，戦争犯罪等で有罪とされた捕虜は，ソ連で裁判所の判決により刑罰を受けている他の人々と同様の条件に服さねばならない。判決が法的に執行可能となれば，これらの人々は結果として捕虜条約が与える保護を享受できない。…」[28]

---

(26)　In re Yamashita, *supra* note 22, at 20-21. 日本でも，1942年以降の空襲軍律により，「無差別爆撃」を行った米軍パイロットを軍罰に処すこととし，軍律会議を設置した。空襲後に墜落・撃墜などにより日本軍に拘束された米軍パイロットは，簡略化した手続き，または裁判手続きによらない即決処刑の対象とされた。軍律会議関係者は戦後に戦犯として訴追され，有罪判決を受けた。軍律制定の責任に関する戦後の第一復員省の研究は，日本が1929年俘虜条約を批准していないことと並んで，「戦時重罪犯者は俘虜として条約に示している待遇を与うる事なく犯罪者として取り扱う」ことができるというのが日本陸軍の見解だったと指摘した（「4．空襲軍律に関する研究 昭和21年 6 月 7 日」JACAR（アジア歴史資料センター）Ref.C13070900400，軍備軍律俘虜等に関する綴（防衛省防衛研究所）」）。

(27)　アルバニア，アンゴラ，朝鮮民主主義人民共和国，中華人民共和国，ヴェトナムと並んで，ロシアもこの留保を現在でも維持している（ICRC, *Commentary on the Third Geneva Convention Convention*（III）*relative to the Treatment of Prisoners of War*（Cambridge University Press, 2020), para. 3642）。かつてはそれ以外の旧東側諸国も同様に留保を行っていたが，撤回した。ウクライナも2006年 6 月30日に85条への留保を撤回した（United Nations Treaty Series [UNTS], Vol. 2384, p. 219)。

　西側諸国は，対抗して，これらの留保を無効とし，かかる留保が適用されれば条約違反となることを「宣言」した[29]。また ICRC は，この留保は「判決が法的に執行可能となってから」，すなわち判決確定後に適用されるため，裁判過程においては条約が保障するすべての司法上の保障が適用されることになるとの，限定的な理解を示した[30]。

3　1949年捕虜条約85条の意味

　1949年捕虜条約の85条は，捕虜の裁判に対してどのような影響を持つであろうか。まず本条の下で抑留国が訴追するのは「抑留国の法令」に則した罪についてである。ここでは，当該犯罪が武力紛争に関連して行われることは明示的には要求されていないが，武力紛争時に武力紛争とは無関係の犯罪で敵国兵士を訴追する利益が抑留国にあることは稀であろう[31]。したがって，東側諸国の留保と同様に，85条は当該捕虜が戦争犯罪または人道に対する犯罪に関して訴追されるケースを主に想定していると考えられる[32]。

　それでは，「捕虜とされる前に行った行為について」起訴され，または有罪判決を受けた捕虜が本条により維持しうる条約上の利益とは何であろうか。まず有罪判決が確定する前の捕虜に関しては，条約が定める手続的セーフガードのすべてが保障される。ただし，裁判が武力紛争中に行われる場合には，作戦の秘密に関わるような証拠の開示や証人の限定など戦争遂行上の制約もありうるだろう。米国軍事委員会のような簡易的で敵兵にのみ適用される特別手続きは，まさにそのために採用された。このような制約を回避するため，条約起草時には，捕虜に対する戦争犯罪裁判が武力紛争終了まで延期されるべきだとい

（28）　ICRC, *ibid.*, para.3643.
（29）　オーストラリア，バルバドス，ニュージーランド，米国，英国がその趣旨の宣言をしている。*Ibid.*
（30）　*Ibid.*
（31）　アメリカがパナマへ軍事侵攻した際に，作戦の目的は同国の独裁者ノリエガ将軍を薬物関連の罪状で逮捕することにあった。その後の米国連邦裁判所における刑事裁判の過程では，パナマ軍の総司令官としてノリエガ自身は捕虜として扱われることを主張した。United States v. Noriega, 746 F. Supp. 1506（S.D. Fla. 1990）.
（32）　Peter Rowe, "The Trial of Prisoners of War by Military Courts in Modern Armed Conflicts," in Caroline Harvey, James Summers and Nigel D. White（eds.）, *Contemporary Challenges to the Laws of War: Essays in Honour of Professor Peter Rowe*（Cambridge University Press, 2014）, p. 316; ICRC, *supra* note 27, para. 3629.

う提案もあったが実現しなかった。しかし本条の趣旨から言えば，軍事上の制約がありうるとしても，被告人たる「捕虜」が適切な防御権を行使できる状況が確保されるべきであり，それが不可能な場合には訴訟手続きは停止されねばならないと解するべきであろう[33]。言うまでもなく，米国連邦最高裁が述べたように[34]，ジュネーヴ諸条約共通 3 条が規定する「文明国民が不可欠と認めるすべての裁判上の保障」は，武力紛争の性質のいかんを問わず，あらゆる者に保障される。この「裁判上の保障」の内実は，第 1 追加議定書75条 4 項に詳細に規定されている。

　有罪判決後，1949年捕虜条約85条による保障はさらに制限的になる。条文自体が，そうした「捕虜」が維持するのは捕虜条約上の保護ではなく「利益」であるとしているのは，保障の範囲が状況依存的に限定されることを示している[35]。ただし，第 2 編の「捕虜の一般的保護」に見られる人道的待遇，身体の尊重，平等待遇のような基本的保護は保障されるべきであろう[36]。他方で，有罪判決が科す刑罰に伴う制限は当然想定されている。例えば，捕虜条約21条 1 項は捕虜の「拘禁」を禁止しているが，判決が拘禁刑を科す場合には適用が排除される。また同119条 5 項は，有罪判決を受けた「捕虜」が武力紛争終了後も送還の対象にはならず，「刑の執行を終るまでの間」抑留が継続できることを定めている。本項は，85条により有罪確定者に保障される「利益」に対する例外を明示したものであろう[37]。

お わ り に

　国際人道法の履行確保のための不可欠の前提として，国内刑事裁判手続きが諸条約に取り込まれている。しかし，自国兵士の戦争犯罪についての刑事手続きの実効性には疑いが生じ続けている。ジュネーヴ諸条約と第 1 追加議定書は重大な違反処罰義務やその他の違反の防止義務を課したものの，先述のような制約要因により十分に履行されているとは言えない。国際人権法の発展により，生命権の手続的側面として，兵士を含む公務員の致死力行使の結果生じたすべ

（33）　*Ibid*, paras. 3636–3637.
（34）　Hamdan v. Rumsfeld, 548 U.S. 557 (2006), at 631–632.
（35）　ICRC, *supra* note 27, para. 3639.
（36）　United States v. Noriega, 808 F. Supp. 791 (S.D. Fla. 1992), at 802.
（37）　ICRC, *supra* note 27, paras. 3640–3641.

ての死亡について実効的な捜査と必要な刑事手続きを確保することが，国家の義務となっている[38]。かかる人権法上の国家の義務は武力紛争中の域外軍事活動にも適用され[39]，国際人道法上の捜査訴追の義務を補完するものと期待される。しかし，武力紛争中の軍の行動に関する捜査の適法性は，人権法ではなく国際人道法によってのみ評価できるという反論も根強い。こうした議論が存在することそのものが，国家にとって，武力紛争遂行中に自軍の人道法違反の責任を追及することがいかに困難かという現実を示している。

　他方で，ウクライナ戦争においてウクライナ自身が行っているような敵国捕虜の戦争犯罪を問う手続きについては，1949年捕虜条約に決定的な意味があったと考えられる。第 2 次世界大戦まで捕虜の裁判は，戦争遂行に資することを目的として行われる傾向が強く，1929年俘虜条約による手続上の保障も捕虜となる前の戦争犯罪に関しては適用されなかった。このように，戦争犯罪人は人道法の保護対象にならないという主張は広範になされたが，推定無罪の原則などとも整合しない非論理的な立場でもあった。そのような根強い見方を1949年捕虜条約85条は排除した。本条の下では，捕虜のための手続的保障が少なくとも戦争犯罪について有罪が確定するまでは全面的に適用され，有罪が確定してからも捕虜条約の基本的保障が確保される。

　アカウンタビリティー確保のため，今日では，武力紛争遂行中であっても戦争犯罪に責任のある捕虜に対する裁判を行う必要性は高い。他方で，武力紛争に由来する特殊な制約要素を裁判手続きにおいてどのように勘案するべきかは，困難な利益考量を必要とする問題である。また，そのようにして行われる捕虜の裁判が，国際人道法の履行確保にとってどのような効果を持つかも検証が必要である[40]。

（38）　Kyo Arai, "Procedural Aspect of the Right to Life in Armed Conflict," *Japanese Yearbook of International Law*, Vol.66（2023）, pp. 133-168.

（39）　欧州人権裁判所の判例として以下を参照。*Güzelyurtlu and Others v. Cyprus and Turkey*, No. 36925/07, 29 January 2019; *Hanan v. Germany*, No. 4871/16, 16 February 2021.

（40）　本章では詳しくとりあげられなかったが，国内裁判による責任追及の限界を踏まえつつ，そのような手続きの意義を最大化するために，国内刑事裁判に国際的要素を導入することも 1 つの選択肢と考えられる。例えば旧ユーゴ国際刑事裁判所（ICTY）の出口戦略として，ICTY とボスニア・ヘルツェゴビナ高等代表のイニシアティブにより創設された戦争犯罪法廷（WCC）はボスニア・ヘルツェゴビナ法に基づき機能する国内裁判所であるが，当初は各法廷の過半数の裁判官が国際裁判官とされ，ICTY 各法廷とICTY 検察官が付託した事件も取り扱うことになっていた。こうした方法は，被害者と

の近接性から責任追及プロセスへのオーナーシップを確保し現地での法の支配の再構築
に資する一方で，国内裁判が持ちうる潜在的危険を回避する 1 つの方策であると言える
だろう。See, Human Rights Watch, The War Crimes Chamber in Bosnia and Herzegovina, 7
February 2006, at https://www.hrw.org/report/2006/02/07/looking-justice/war-crimes-cham-
ber-bosnia-and-herzegovina（as of 13 February 2024）. なお，このような国際的手続きと国
内的手続きの双方の特徴を持つハイブリッド手続きの意義に関しては，本書第11章を参
照のこと。

第2部　戦争犯罪

第 3 章　戦争犯罪の保護法益

松 山 沙 織

は じ め に

　2022年2月以降のロシア・ウクライナ紛争や，2023年10月以降のパレスチナのガザ地区におけるイスラエル・ハマス紛争において，紛争当事者の双方による非人道的な行為が多発していることが世界的に報じられている。そして，そのような行為は，「国際法違反」であり，「戦争犯罪」に該当するといった表現で非難されることが多い。

　武力紛争のような非常事態において，しばしば発生する大規模で深刻な非人道的行為の法的責任はどうとられるか。国際法違反は基本的に国家責任の追及によって，被害回復がされるものであるが，戦争犯罪を含む中核犯罪（戦争犯罪の他，ジェノサイド[1]，人道に対する犯罪，侵略犯罪）は行為者の刑事責任の追及も可能な行為である。

　現代国際法では，これらの犯罪が国際社会全体の法益に対する侵害の結果であるとされ，政策的・組織的である場合が多くを占める。そのため，犯罪の実行を指揮命令した者の処罰が，法益の回復だけでなく将来の犯罪の防止のため必須と考えられるようになった。

　ただし，戦争犯罪は，これが国際社会全体の法益に対する侵害の結果とされる以前から，処罰されてきた歴史がある。戦争犯罪について誰が処罰を行うことができるかは時代ごとで変化し，また戦争犯罪概念も変化してきた。この変化の要因は，戦争犯罪の保護法益に変化があったことである。本章のテーマは，法益という観点から，戦争犯罪とはなにかを示すことである。以降では，戦争犯罪の定義を確認したのち（Ⅰ），誰が，何を戦争犯罪として裁くことができるのか（Ⅱ），国際社会全体の法益侵害となった戦争犯罪の概念変化（Ⅲ）の順に論ずる。

（1）　ジェノサイドの語は，国際刑事裁判所規程公定訳では「集団殺害犯罪」とされる。

I　戦争犯罪の定義 —— 広義の戦争犯罪と狭義の戦争犯罪

　戦争犯罪の語は多義的であるが，広義のものと狭義のものに大別されると説明されることが多い。本章で扱うのは後者の方であるが，簡単に両者の違いについて述べる。

1　広義の戦争犯罪 —— 戦争中に起こったものはすべて「戦争犯罪」？

　広義の戦争犯罪とは，第 2 次世界大戦後にニュルンベルクおよび東京で行われた国際軍事裁判で創設された犯罪である。国際軍事裁判所憲章 6 条，極東国際軍事裁判所条例 5 条に裁判所の管轄犯罪として規定される，武力行使を規制する規則の深刻な違反である「平和に対する罪」（後の侵略犯罪の原型），戦争の法規又は慣例の違反である「通例の戦争犯罪」，文民たる住民への非人道的行為である「人道に対する罪」を指す。2 つの裁判所規程ではこれらの犯罪を行った者を「戦争犯罪人」として裁くと定められる。さらにジェノサイド条約によって成立した，特定の集団を破壊する意図で行われる集団殺害犯罪を，広義の戦争犯罪に加える場合もある。今日ではこの 4 つが中核犯罪と総称される。

2　狭義の戦争犯罪 —— 武力紛争法の重大な違反

　これに対して，狭義の戦争犯罪は，武力紛争法（国際人道法）の違反のうち，個人の刑事責任の追及が可能なものを指す。これは広義の戦争犯罪から，「通例の戦争犯罪」だけを取り上げ，1949年のジュネーヴ諸条約や1977年の追加議定書の重大な違反を加えたものである。

　武力紛争法とは，武力紛争の際に紛争当事者に適用される国際法規則の総称である。武力紛争法の規則には大別して，戦闘員の害敵方法・手段を規制するハーグ法と，紛争犠牲者の保護に関するジュネーヴ法がある。前者は1899年および1907年のハーグ陸戦規則に由来し，後者はジュネーヴ諸条約および第 1・第 2 追加議定書に由来する。ハーグ法は基本的に国際的武力紛争に適用され，ジュネーヴ法は，ジュネーヴ諸条約共通 3 条（以下，共通 3 条）や第 2 追加議定書を通じて，非国際的武力紛争（いわゆる内戦）にも適用される。

　国際法上の戦争犯罪とは，武力紛争法のすべての違反について成立するものではなく，そのうち重大なものについて成立し，処罰されうるものである。な

お，国内法上は，武力紛争法の重大な違反に限らずより広範な行為を「戦争犯罪」として処罰対象とすることも可能である。

II　戦争犯罪とは何か ── 誰が，何を裁くことができる？

　本章が扱う戦争犯罪は狭義の戦争犯罪，すなわち武力紛争法の重大な違反であるが，その違反はどのように責任追及されるのか。誰が戦争犯罪について裁判管轄権を持つことができるかは，戦争犯罪の法益と表裏一体である。以降では時系列順に管轄権と処罰対象行為の変化をみる。

1　武力紛争当事国による処罰 ── 武力紛争当事者の法益侵害

　古典的な戦争は主に国家軍隊同士の殺傷によって行われていた。従来から戦争犯罪として紛争当事者が相互に処罰可能であったのが，第 2 次世界大戦後の国際軍事裁判でいう「通例の戦争犯罪」である。

　20世紀前半までのハーグ陸戦規則その他武力紛争法関係条約は戦争犯罪の語はおかず，その違反についての処罰規定はない。ただし，国際法が許容する範囲内で紛争当事者が国内法を介して違反者を処罰できた。当事者による処罰は，敵国による自己の国家法益の侵害に対する制裁であるとともに，戦争の法規又は慣例に定められた義務の遵守と履行を確保するための手段であった[2]。戦争犯罪は紛争当事者にとって危険であり，紛争当事者の法益を侵害する行為と考えられていた。武力紛争当事国は，自国兵士も戦争犯罪で処罰可能であった[3]。

　ハーグ陸戦規則23条は「特に禁止される行為」を挙げるが，武力紛争当事国による処罰は国内法に基づくものであり，条約に列挙された行為に限られない[4]。

2　普遍主義に基づく処罰 ── 諸国の共通の法益侵害

(1) 国際法上の犯罪化

武力紛争当事国の法益侵害という戦争犯罪概念が変化するきっかけとなった

（2）　村瀬信也，奥脇直也，古川照美，田中忠『現代国際法の指標』（有斐閣，1994年）318頁。

（3）　藤田久一『国際人道法〔新版再増補〕』（有信堂高文社，2003年）197頁。

（4）　同上，196-197頁。

のが 2 つの世界大戦である。

　第 1 次世界大戦では，飛行機を使用した都市部への無差別爆撃が繰り返し行われ，また占領地域における蛮行や略奪も発生した。複数国にまたがって発生した残虐行為について，個人の責任を国際裁判所で追及するという試みは，第 1 次世界大戦の戦後処理を行った1919年の「同盟及聯合国ト独逸国トノ平和条約」（以下，ヴェルサイユ条約）に端を発する。元ドイツ皇帝ヴィルヘルム 2 世の訴追が念頭におかれ，ヴェルサイユ条約では「國際道義ニ反シ條約ノ神聖ヲ瀆シタル重大ノ犯行」について，「特別裁判所ヲ設置シ被告ニ對シ辯護權ニ必要ナル保障ヲ興フ」ことが定められた（同条約227条）。しかし，亡命先のオランダがヴィルヘルム 2 世の身柄引き渡しを拒んだため，国際的な法廷における裁判は実現しなかった。

　第 2 次世界大戦においては，文民を標的とした違法な攻撃がしばしば行われた。また，文民や捕虜に対する強制労働や人体実験等，組織的・政策的な形で行われた非人道的な待遇もあった。このような違法行為を行った者の刑事責任は，戦後のニュルンベルク国際軍事裁判，極東国際軍事裁判（東京裁判）およびその後続裁判において追及された。

　国連発足後， 2 つの国際軍事裁判所の経験を普遍化する試みがされていた。1946年に国連総会は国際軍事裁判の諸原則を確認する決議95Ⅰを採択し，総会の下部機関である国際法委員会（以下，ILC）が諸原則の明文化を行った。1950年に ILC が明文化したニュルンベルク諸原則と称される文書が総会において採択された。この中で，国際法上の犯罪として，個人の刑事責任が普遍的に追及されるべき「人類の平和と安全に対する犯罪」に「通例の戦争犯罪」が含まれることが確認された。このように，戦争犯罪は国際法がその訴追および処罰を確保する犯罪と認識されるようになった。

　こうした議論を受けて1949年に成立したジュネーヴ諸条約では戦争犯罪の語はないが，同条約の「重大な違反行為」については，武力紛争の当事者以外の国の普遍主義に基づく管轄権行使も認められる。普遍主義とは，諸国の共通法益の侵害が生じた場合に，自国の法益侵害が直接発生していなくとも管轄権行使を認めるものである。したがって，ジュネーヴ諸条約の重大な違反は，諸国の共通法益の侵害である戦争犯罪と認識されるようになった。

　ジュネーヴ諸条約は，紛争当事者の権力内にある他方紛争当事者の国民の保護を目的とし，傷病者保護条約で陸上傷病兵，難船者保護条約で海上傷病兵お

および難船者，捕虜条約で捕虜，ならびに文民条約で在留敵国文民および占領地住民を保護対象とする。これらの保護対象に対するジュネーヴ諸条約の「重大な違反行為」について，締約国はその行為者および命令者に対する「有効な刑罰を定めるため必要な立法」を行い，かつ，行為者および命令者の「国籍のいかんを問わず」「自国の裁判所に対して公訴を提起する」義務を負う。あるいは，「希望する場合には」，「他の関係締約国の裁判のため引き渡すことができる」（49条／50条／129条／146条）。

　さらに，1968年の戦争犯罪および人道に対する罪への時効不適用に関する条約は，戦争犯罪が国際法上の最も重要な犯罪に属することを考慮し，時効は存在しないという原則を確認し，その普遍的適用を確保することを意図する[5]。このことは，戦争犯罪が時効が適用される国内犯罪と異なる国際法上の犯罪であることを示す[6]。

(2) ジュネーヴ諸条約の重大な違反行為

　国際法上の犯罪となったジュネーヴ諸条約の「重大な違反行為」とは，各条約の保護対象に対する次の行為である。すなわち，全ての保護対象に「殺人，拷問若しくは非人道的待遇（生物学的実験を含む。），身体若しくは健康に対して故意に重い苦痛を与え，若しくは重大な傷害を加えること」（50条／51条／130条／147条），捕虜以外の保護対象に「軍事上の必要によって正当化されない不法且つ恣意的な財産の広はんな破壊若しくは徴発を行うこと」（傷病者保護条約50条，難船者保護条約51条，文民条約147条），捕虜と文民被保護者を「強制して敵国の軍隊で服務させること」および「公正な正式の裁判を受ける権利を奪うこと」（捕虜条約130条，文民条約147条），ならびに，文民被保護者を「不法に追放し，移送し，若しくは拘禁すること」および「人質にすること」（文民条約147条）をいう。

　第 1 追加議定書は，重大な違反行為の範囲を拡大した。第 1 に，同議定書が戦闘員資格を拡張したことにより，ジュネーヴ諸条約よりも傷病兵，難船者および捕虜として保護される者の範囲も拡大した。さらに，文民条約が文民に与える保護を無国籍者と難民にも付与した。第 2 に，武力紛争当事者の権力内にある人や物に対する行為で重大な違反行為とされる行為を追加した。第 3 に，

（5）　同条約 1 条(a)において，戦争犯罪とはニュルンベルク国際軍事裁判所憲章で定義された通例の戦争犯罪とジュネーヴ諸条約の重大な違反と定義される。
（6）　藤田『前掲書』（注 3 ）200頁。

相手方武力紛争当事者に属する文民や民用物でその支配地域にあるものが攻撃から保護されるべきことを明記した（同議定書51条・52条）ことに伴い，保護対象への「故意に行われた」攻撃を重大な違反行為とした。

3　国際的刑事裁判所による集中的処罰 ── 国際社会全体の法益侵害

　国際法上の犯罪となった戦争犯罪であるが，普遍主義に基づく処罰が積極的にされたわけではなかった。この状況の変化を生んだのが，冷戦終結後，世界各地で発生した民族紛争である。これをきっかけに戦争犯罪を扱う国際的刑事裁判所が設置される。この背景として，条約上の義務であっても自国民をかばう場合も多いことや，条約締約国の範囲内で普遍主義がとられても，他国政府が関わるような事案にあえて介入し，戦犯裁判を行うことを希望する国はほとんどなく，その結果，『不処罰の文化』を終わらせることができなかった反省がある。これらの民族紛争でも処罰されずに放置することが国際の平和と安全を害すると判断され，安保理決議827に基づき旧ユーゴスラヴィア国際刑事裁判所（以下，ICTY）が，安保理決議955に基づきルワンダ国際刑事裁判所（以下，ICTR）が設置された。

　1990年代半ばに設置されたこのような地域や時期を限定した特設の国際刑事裁判所を経て，2003年に条約に基づく常設の国際刑事裁判所（以下，ICC）が設置された。より普遍的に処罰ができるようになったという点で，ICCの設立は意義を持つ。

　1998年のICC規程前文が示すように，ICCは「重大な犯罪が世界の平和，安全及び福祉を脅かすことを認識し」，「国際社会全体の関心事」である重大な犯罪の処罰[7]，すなわち，国際社会全体の法益を維持するために設立された[8]。

　そして，同規程前文にあるように，将来にわたって「これらの犯罪を行った者が処罰を免れることを終わらせ」ることを「決意」し，ICC規程が採択された。ICCも条約上の普遍主義に基づく処罰確保という点では2と変わらないが，国際的な刑事裁判所において処罰されうるという点で一線を画する。

（7）　ICC規程は条約であるから，規程上で「国際社会全体の関心事」である「最も重大な犯罪」とされても，一般国際法上もそのような犯罪とはただちにはならない。黒﨑将広，坂元茂樹，西村弓，石垣友明，森肇志，真山全，酒井啓亘『防衛実務国際法』（弘文堂，2021年）702-703頁，脚注3（真山全執筆）。

（8）　新井京「国際刑事裁判所における規程非締約国の取扱い」『世界法年報』28号（2009年）77頁，78頁。

　ICC 規程 8 条（戦争犯罪）では，8 条 2 項(a)ジュネーヴ諸条約の重大な違反，同項(b)国際的武力紛争に適用される法規慣例の違反，同項(c)共通 3 条の著しい違反および同項(e)非国際的武力紛争に適用される法規慣例の著しい違反が規定される。

　8 条 2 項(a)はジュネーヴ諸条約の重大な違反行為をほぼ踏襲したもので，同項(b)はハーグ陸戦規則に加えて，ジュネーヴ諸条約および第 1 追加議定書等に由来する。同項(c)は共通 3 条の規定と同じであるが，(e)は第 2 追加議定書を参照しつつ，国際的武力紛争に適用される規定である同項(b)から非国際的武力紛争でも同様に処罰すべき行為が移植されたものである[9]。さらに，2010年のICC 規程検討会議では同項(e)に兵器使用に関する戦争犯罪が追加された。

III　戦争犯罪概念の変化 ── 武力紛争法の重大な違反？

　戦争犯罪が国際的刑事裁判所による処罰の対象となって以降，戦争犯罪が武力紛争法の重大な違反という前提を揺るがす事象が散見される。

1　武力紛争法規則の再解釈

　国際的刑事裁判所において，戦争犯罪処罰の必要から武力紛争法規則の再解釈が進んだ。その中において，ICTY は創造的ともいわれる解釈手法をとった[10]。

　例えば，ジュネーヴ諸条約の保護対象は，前述の通り，紛争当事者の権力内にある他方紛争当事者の国民であるが[11]，ICTY の Tadić 事件上訴審判決は国籍要件を緩やかに解釈し，形式上の国籍ではなく，事実上の他国の権力内にある者を含めるように，人的保護対象を拡大した[12]。このように自国民にも被

（9）　詳細については，真山全「戦争犯罪 ── 犯罪構成要件文書を中心に」村瀬信也他編『国際刑事裁判所 ── 最も重大な国際犯罪を裁く〔第 2 版〕』（東信堂，2014年）156-170頁。

（10）　See, Shane Darcy and Joseph Powderly（eds.）, *Judicial Creativity at the International Criminal Tribunals*（Oxford University Press, 2010）; Shane Darcy, *Judges, Law and War: The Judicial Development of International Humanitarian Law*（Cambridge University Press, 2015）.

（11）　文民条約 4 条〔被保護者の定義〕「この条約によって保護される者は，紛争又は占領の場合において，いかなる時であると，また，いかなる形であるとを問わず，紛争当事国又は占領国の権力内にある者でその紛争当事国又は占領国の国民でないものとする。」

保護者の地位を与えることで武力紛争法の従来的解釈から外れていることの問題が指摘される⁽¹³⁾。

　また，非国際的武力紛争における非人道的行為の処罰については，共通 3 条の再解釈という形で，戦争犯罪として問われる範囲が拡大された。非国際的武力紛争の事態を規律する武力紛争法規則は国際的武力紛争のそれと比して，寡少である。ICTY 規程 3 条は「戦争の法規慣例違反」を扱うため，非国際的武力紛争の事態については，慣習法化している共通 3 条の違反の有無について争われた。この規定にいかに実際に発生した非人道的行為を取り込むかで，ICTY の挑戦がなされた。例えば，ICTY の Kunarac 事件上訴審判決は，共通 3 条の「個人の尊厳に対する侵害」に，性的虐待や強姦が黙示的に含まれており，共通 3 条違反の犯罪として責任を追及しうると示した⁽¹⁴⁾。

　今日では共通 3 条の「個人の尊厳に対する侵害」に強姦が含まれると解することは一般的理解となっている⁽¹⁵⁾。

2　武力紛争における規律の水平化

　国際的刑事裁判所では，国際的武力紛争における戦争犯罪に加えて，非国際的武力紛争における戦争犯罪を処罰する試みが開始された。

　非国際的武力紛争における暴力行為は，共通 3 条や第 2 追加議定書において規律されているものの，その違反はジュネーヴ諸条約の「重大な違反行為」ではなく，条約締約国間の普遍主義の対象外であった。共通 3 条や第 2 追加議定書の内容は一部規定を除き，基本的に国内法と重複している。したがって，従来は国内法執行に相乗りする形で，武力紛争法の履行確保がなされてきた。し

（12）　*Prosecutor v. Dusko Tadić,* IT-94-1-A, Appeals Chamber, 15 July 1999, paras. 164-166.

（13）　Marco Sassoli and Laura Olsen, "International Decisions: Prosecutor v. Tadić," *American Journal of International Law*, Vol. 94, No. 3 （2000）, p. 571, pp. 571-578.

（14）　*Prosecutor v. Kunarac et al.*, IT-96-23&IT-96-23/1-A, Appeals Chamber, 12 June 2002, paras.187-195. Kunarac 事件自体では共通 3 条ではなく，第 2 追加議定書における強姦の禁止規定の慣習法性を根拠に，その違反が追及されたが，その後の Haradinaj 事件第 1 審判決では，強姦の禁止は共通 3 条の文言には含まれていないが，強姦の犯罪は ICTY 規程 3 条の戦争の法規慣例違反で訴追可能とし，その根拠として参照するのが，Kunarac 事件上訴審判決である。

（15）　Knut Dörmann *et.al* （eds.）, *Commentary on the First Geneva Convention* （I）*for the Amelioration of the Condition of the Wounded and Sick in Armed Forces in the Field* （Cambridge University Press, 2016）, pp. 228-229, para.672.

かしながら，ICTY や ICTR が扱う紛争は，国家の分離・独立を目的とする，あるいは政権奪取を伴う国家崩壊型の大規模内戦であったため，そのような履行確保が困難となった。旧ユーゴ紛争については国際的武力紛争も併存していたが，こちらにおける非人道的行為についても普遍主義に基づく処罰は進まなかった。

　この事態に対処するため，これらの紛争が「国際の平和と安全に対する脅威」（国連憲章39条）であると安保理が認定し，既述のとおり，裁判所の設置を決定した[16]。このように，非国際的武力紛争における武力紛争法違反も国際法上の犯罪として国際的刑事裁判所で扱うために，非国際的武力紛争における戦争犯罪が観念された。

　ICTY の場合，裁判所規程自体は明示的には言及しないが，規程 3 条（戦争の法規又は慣例に対する違反）において，紛争の性質を問わないアプローチをとった。

　ICTR の場合，裁判所規程 4 条に共通 3 条と第 2 追加議定書の違反を規定した。これに戦争犯罪の語はないが，その違反を処罰対象と明示的に定めた最初の国際文書となった。これは，普遍主義によるのではなく，ルワンダがこれら条約の締約国であったためである。

　ICTY・ICTR における実行を基礎に，ICC 規程は非国際的武力紛争における戦争犯罪を初めて明文規定とした。これにより，同紛争における戦争犯罪概念が定着したといえる。ICC 規程 8 条の戦争犯罪規定では，従来的な武力紛争法規範のツーボックス・アプローチ[17]をとり，武力紛争の性質に応じた規定構造としている。

　ただし，ICC 規程では，2 つのボックスの中身の規則を極力同じものとし，両者に適用される規則の差を埋めるというアプローチがとられた。既述のように ICC 規程の非国際的武力紛争における 2 種の戦争犯罪のうち，8 条 2 項(e)は，国際的武力紛争における戦争犯罪規定である同項(b)から多くの規定が移植

（16）　UN Doc. S/RES/808; UN.Doc. S/RES/955.

（17）　武力紛争法では，伝統的に国際的武力紛争に適用される規則の大きな箱と非国際的に適用される小さな箱の 2 つが別個に存在すると考え，これをツーボックス・アプローチと呼ぶ。他方，ICTY のように，国際的武力紛争と非国際的武力紛争は同じ箱とする考えをワンボックス・アプローチと呼ぶ。新井京「非国際的武力紛争に適用される国際人道法の慣習法規則 —— 赤十字国際委員会『慣習国際人道法』研究の批判的考察」『同志社法学』60巻 7 号（2009年）1121頁，1133-1134頁。

されたものである。その中には非国際的武力紛争に関する武力紛争法規範では
確立していない兵器の違法な使用に関する規定もある[18]。

　このように，ICC 規程においては，国際的武力紛争と非国際的武力紛争の規
律内容をできるだけ近づける水平化が目指されているといえる。

3　戦争犯罪のセーフティーネット化

(1) ICC 判決における革新的解釈

　2000年代以降，ICC が活動を本格的に開始した。近年では，判決における犯
罪規定解釈を通じた戦争犯罪概念の拡張といえる事象が生じる。その一例が，
Ntaganda 事件の一連の決定・判決における，自軍の兵士に対する性暴力を戦
争犯罪とする解釈である[19]。

　武力紛争法は基本的には自軍の兵士に対する暴力を規律せず，軍法や刑法と
いった国内法の規律に委ねてきた。武力紛争中の行為であっても味方同士の暴
力は，武力紛争との関連がないとされてきたためである。

　Ntaganda 事件では児童兵に対する性暴力が戦争犯罪に該当するかが争われ
た。児童兵の使用自体が ICC 戦争犯罪であり，組織内で奴隷のように扱われ
る犠牲者の救済のため，革新的ともいえる解釈がとられた。1 で述べた ICTY
におけるジュネーヴ諸条約の保護対象にかかる国籍要件解釈のように，ICC で
も事実上の関係に焦点を当てたものともいえるが，これには批判も多い[20]。

　実は，ICC 規程の戦争犯罪規定がそのような拡張を招く一因となっている。
犯罪の組織性や大規模性が要求される他の ICC 管轄犯罪と異なり，戦争犯罪
は単発の行為も処罰可能であり[21]，処罰漏れを防ぐセーフティーネットとな

（18）　黒﨑他『前掲書』（注 7 ）169-170頁（真山全執筆）。

（19）　See, *Prosecutor v. Bosco Ntaganda*, ICC-01/04-02/06-309, Pre-Trial Chamber II, 14 June
　　　2014; *Prosecutor v. Bosco Ntaganda*, ICC-01/04-02/06-1707, Trial Chamber VI, 04 January
　　　2017; *Prosecutor v. Bosco Ntaganda*, ICC-01/04-02/06-1962, Appeals Chamber, 15 June 2017.

（20）　Kevin Jon Heller, "ICC Appeals Chamber Says A War Crime Does Not Have to Violate
　　　IHL," *Opinio Juris,* at https://opiniojuris.org/2017/06/15/icc-appeals-chamber-holds-a-war-
　　　crime-does-not-have-to-violate-ihl/ (as of 30 December 2023); Cóman Kenny and Yvonne Mc-
　　　Dermott, "The Expanding Protection of Members of a Party's Own Armed Forces Under Interna-
　　　tional Criminal Law," *International & Comparative Law Quarterly*, Vol. 68, No. 4 (2019), pp.
　　　943, 945‒960.

（21）　ICC 規程 8 条 1 項で文脈的要件として大規模性・組織性要件が規定されたが，単発
　　　の戦争犯罪も解釈上排除されない。

りやすい。このため，戦争犯罪規定は，条文や構成要件といった制約の範囲内で，その局面における国際社会の関心事を取り込みやすいといえる。

(2) 武力紛争法と国際刑事法の乖離

ロシア・ウクライナ紛争における被害に対する国際社会の反応にも，戦争犯罪の名で非難される行為の拡大傾向が確認できる。すなわち，武力紛争法上は合法性評価の余地がある被害に対しても，非人道的な戦争犯罪と非難されることが多い。例えば，2023 年 6 月 6 日のウクライナのヘルソン州にあるカホウカ・ダムの決壊である。本件については，紛争当事者の双方が相手が意図的にダムを破壊したと非難している。

ウクライナからみれば，同地域はロシアに占領された自国領土であり，占領国には占領地域住民の安全を確保する義務がある。したがって，ダム破壊がロシアによるのであれば，住民を危険にさらしたといえる。ただし，占領地でも，絶対の軍事的必要性があれば，ダムなどを破壊することができる。また，このダムは，ロシアが一方的に併合を宣言した地域にあり，ロシアからみれば自国領域内にある施設といえる。国内の施設を相手の進軍を止める等自国の防衛のために破壊することは攻撃にあたらないので，武力紛争法の規制を受けない[22][23]。

ICC は同年 6 月 11 日に本件について現地調査を開始した。ICC で扱うとすれば，ICC 規程 8 条 2 項(b)(iv)（「予期される具体的かつ直接的な軍事的利益全体との比較において，攻撃が，巻き添えによる文民の死亡若しくは傷害，民用物の損傷又は自然環境に対する広範，長期的かつ深刻な損害であって，明らかに過度となり得るものを引き起こすことを認識しながら故意に攻撃すること」）に基づき訴追される可能性が高い。本犯罪の構成要件上，武力紛争法の理解に沿った解釈がされるとは限らず，また一致させる必要もない。

(3) 国際法の断片化現象か，新たな規範の形成か

(2)で記述した事象は，積極的処罰として国際刑事法側で歓迎されても，武力紛争法の明文規定にはないことを戦争犯罪化するという，武力紛争法側からみ

---

(22)　「ダム攻撃は国際法違反なのか　真山全・大阪学院大教授に聞く」（朝日新聞デジタル，2023 年 6 月 7 日）at https://digital.asahi.com/articles/ASR67621SR67UHBI02Y.html（as of 29 December 2023）.

(23)　第 1 追加議定書 56 条は，ダム等を軍事目標として攻撃することを禁止するが，同議定書 49 条は攻撃は敵に対する暴力行為とする。

れば不整合が生じる[24]。ICC の解釈は国際刑事法の内側に留まり，武力紛争法規範には影響しないとみることも可能ではあるが，それは国際刑事法と武力紛争法との乖離を意味する。

　武力紛争法の無視ではなく，従来的な価値では測ることのできない重大な犯罪概念が国際社会で新たに形成されつつあることの表れでもあり得る。ダム破壊につき，エコサイド（Ecocide）としてウクライナは非難している。エコサイドはウクライナ刑法441条に規定され，ウクライナの司法はこれについて刑事責任の追及を行うことが可能である。

　エコサイドは発展途上の概念だが，基本的にはその法益は，持続可能な発展の原則に則った，重大かつ長期的な損害からの環境および生態系の保護にある。法益のグローバルな性質と，環境保護義務のエルガ・オムネス的（対世的）性格がエコサイドの犯罪化を支える論拠とされる[25]。

　エコサイドはアルメニア，ベラルーシ，カザフスタン，ロシア，ウクライナ等の国家で犯罪化されている。また，2021年には，フランス下院でエコサイドを犯罪とする法案が採択され，その他 EU 諸国でも関心が高まっている。

　ICC 規程にエコサイドを新たな中核犯罪として追加することを提案する動きもある[26]。フィリップ・サンズ教授らが中心となった「エコサイドの法的定義のための独立専門家パネル」（2021年）が作成した ICC 規程修正案とコメンタリーによれば，エコサイドとは，「その行為によって環境に深刻かつ広範または長期的な損害がもたらされる可能性が高いことを知りながら行われる，不法または恣意的な行為」と定義される。また，この改正案では，戦時平時を問わない犯罪として提案されている[27]。欧州議会は2023年3月，ICC の管轄権をエコサイドに拡大すべきであり，EU とその加盟国はそれに向けた重要な役割と責任を担うべきであるとの EC 指令修正を承認した[28]。

（24）　真山全「武力紛争法と人道化逆説 ── 付随的損害の扱い」『世界法年報』36号（2017年）5 −32頁を参照。

（25）　See, Stefania Negri, "On Meteors and Comets: Is the Crime of Ecocide Back to Stay?," *International Criminal Law Review*, Vol. 23（2022）.

（26）　Independent Expert Panel for the Legal Definition of Ecocide Commentary and Core Text（2021）, at https://static1.squarespace.com/static/5ca2608ab914493c64ef1f6d/t/60d7479c-f8e7e5461534dd07/1624721314430/SE+Foundation+Commentary+and+core+text+revised+（1）.pdf, https://www.stopecocide.earth/（as of 30 December 2023）.

（27）　*Ibid.*

（28）　European Parliament, A9-0087/2023.

軍事的利益と比較衡量される武力紛争法上の損害として，自然環境に広範，長期的かつ深刻な損害が観念され，そのような損害を与える戦闘の方法・手段の禁止が第 1 追加議定書35条 3 で規定され，ICC 規程 8 条 2 項(b)(iv)でもこの違反が戦争犯罪と既にされている。

2022年12月，ILC は「武力紛争に関連する環境の保護」原則草案 3 を採択した[29]。この文書は，武力紛争に関連する環境損害の最小化を目的とした防止措置や実効的な救済措置等を通じて，武力紛争に関連する環境の保護を強化することを目的とする。前文では持続可能な環境保全の重要性を強調した[30]。

将来世代への責任として，持続可能な発展のための環境保全は現代国際法における大きな関心事のひとつである。エコサイドが ICC における対象犯罪として追加されなかったとしても，戦争犯罪解釈の際に，武力紛争法上観念される損害の範疇を超えて，このような新たな価値が取り込まれることは今後十分にあり得る。

おわりに ── 「国際社会全体の関心事」が法益化したことの意味

現代国際法においては，国際社会という単位が形成され，国際社会全体の公益について議論されるようになり，ICC はその法益を維持するために設立された。

戦争犯罪は，時代ごとの関心事に引っ張られ，少なくとも ICC 規程上は国際社会全体の関心事それ自体が法益として観念された。各犯罪の中で比較的『緩い』戦争犯罪規定を通じて非人道的行為が処罰されるようになった。そこでは武力紛争法との接続の厳密性に対する意識は薄くなった。

武力紛争時といえども，平時の善悪の価値観が反転するわけではなく，人道的観点から守られるべき一定のルールを束ねたのが武力紛争法である。ただし，近年の傾向としては，もっぱら平時の感覚で非人道的とされることが戦時にも持ち込まれ，戦争犯罪の名で処罰される，あるいは処罰されるべきと主張されることがある。非人道的行為に対して報いがあるという点では望ましいともいえるが，武力紛争法の観点からは乖離といえる。

---

(29)　Draft principles on protection of the environment in relation to armed conflicts, in *Yearbook of the International Law Commission*, Vol. II（2022）.

(30)　*Ibid.*

　他方，これは武力紛争法の無視ではなく，従来的な価値では測ることのできない重大な犯罪概念が国際社会で新たに形成されつつあることの表れかもしれない。非国際的武力紛争については武力紛争法の僅かな条約規則はあったものの，従来はこの違反が戦争犯罪とは認識されなかった。それが，1990年代以降の国際的刑事裁判所の経験を経て，国際社会全体の法益侵害とみなされるようになった。ICTY の Tadić 事件におけるジュネーヴ諸条約の文民解釈や ICC の Ntaganda 事件においては，裁判所は形式的な敵味方関係ではなく，被害者と加害者の実態的関係の観点から，保護対象の範囲を従来的理解から変更した。今後，戦争犯罪の名でエコサイドが処罰されうるかはその意味で注目に値する。

　本章でみたように，戦争犯罪の法益は時代によって変化し，いかなる理由で，誰が処罰しうるのかという点もそれに応じて変化している。何が戦争犯罪の法益か ── そこに国際社会の関心事に基づく規範の変化が確認できるといえる。

　〔付記〕本章は，『法学セミナー』825号（2023年10月）に掲載の拙稿に加筆したものである。また本章は，JSPS 科学研究費23H0075の助成を受けたものである。

第4章　戦争犯罪の主体

久保田　隆

は じ め に

　2022年2月24日に開始されたロシアによる軍事侵攻に端を発するロシア＝ウクライナ戦争では，開戦当初より，絶えず残虐行為の発生が報じられてきた。住宅や学校，医療施設への度重なる攻撃，捕虜の虐待，住民（特に子ども）の強制移送以外にも，首都キーウ近郊の街・ブチャにおける虐殺（2022年3月）やザポリージャ原子力発電所への攻撃（同），南部ヘルソン州にあるカホウカダムの破壊（2023年6月）などは特に，国際社会からの強い非難を招いた[1]。その際に持ち出されたのが，「ジェノサイド」や「戦争犯罪」といった犯罪概念である。これらは，「人道に対する犯罪」および「侵略犯罪」と並んで「中核犯罪」（core crimes）と呼ばれ，国際刑事裁判所（International Criminal Court: ICC）の対象犯罪として「国際刑事裁判所に関するローマ規程」（以下，ICC規程）6条から8条の2までに規定されている。

　本章では，これら中核犯罪のうち戦争犯罪について，犯罪の主体という視座から考察を加えることとする。ここでいう「主体」とは，犯罪の行為者（犯人）のことであり，その属性に応じて武力紛争法および国際刑事法上の扱いが異なるため，個別に検討する必要がある。そこで，以下では，まず，犯罪の主体という観点からみた戦争犯罪の特徴を簡潔に述べたうえで（Ⅰ），戦闘員や義勇兵といった武力紛争の各アクターについての概要を述べ，それぞれの特徴を浮き彫りにすることを試みる（Ⅱ）。さらに，これに関連する問題として，

（1）　今次のロシア＝ウクライナ戦争において発生した武力紛争法（国際人道法）違反（2022年11月時点）を整理・概観したものとして，井上忠男「ウクライナ戦争が提起する国際人道法上の諸問題 ── 本特集の導入としての総論的考察」『人道研究ジャーナル』12号（2023年）16頁，21-28頁を参照。特に原子力発電所への攻撃につき，真山全「露ウクライナ戦争における原子力発電所攻撃の国際人道法上の評価」『人道研究ジャーナル』12号（2023年）69頁，85-86頁を参照。

国内法上，戦争犯罪とは別に殺人罪や傷害罪といった通常犯罪（普通犯罪）が成立するのかどうかについて検討する（Ⅲ）。そして最後に，本章における議論が日本に示唆するところについても考えてみたい（おわりに）。

Ⅰ　犯罪の主体という観点からみた戦争犯罪の特徴

　以下では，戦争犯罪の歴史的展開を概観したうえで，犯罪の主体という観点からみた同犯罪の特徴を明らかにする。

　戦争犯罪（war crimes）は，基本的には，国家間戦争における法規慣例（いわゆる戦時国際法）の違反を処罰するものとして発展を遂げてきた。たとえば，第 2 次世界大戦の戦後処理の一環として実施された国際軍事裁判（いわゆるニュルンベルク裁判）および極東国際軍事裁判（いわゆる東京裁判）の条例では，「通例の戦争犯罪」という罪名のもと，それぞれドイツ・日本と連合国との間の国家間戦争において行われた戦争の法規慣例の違反を処罰するものとして規定されていた。したがって，そこでは，国家の正規軍の構成員によって行われた行為（に関与した上位者）を捕捉することに主眼が置かれていたのである。実際に，東京裁判では，東條英機元首相をはじめとする大日本帝国の指導者らの一部が平和に対する罪（現在の侵略犯罪の原型）だけでなく通例の戦争犯罪についても有罪となり，いわゆる BC 級戦犯裁判では，犯罪を命令・黙認した指揮官や直接実行者たる兵士らが，通例の戦争犯罪に基づいて処罰されたのであった。

　それに対して，冷戦後に設立された旧ユーゴスラビア国際刑事裁判所（International Criminal Tribunal for the former Yugoslavia: ICTY）およびルワンダ国際刑事裁判所（International Criminal Tribunal for Rwanda: ICTR）以降の戦争犯罪は，国際的武力紛争（すなわち，国家間戦争）のみならず，非国際的武力紛争（たとえば，政府軍と反政府武装組織との間の垂直型の内戦や非国家武装組織同士の水平型の内戦など）における武力紛争法の著しい違反をも捕捉する犯罪類型へと拡張されている[2]。1998年 7 月17日に採択され，2002年 7 月 1 日に発効した ICC 規程

（2）　その嚆矢となったのが，タジッチ事件に関する ICTY 上訴裁判部1995年10月 2 日管轄権決定である。同決定の判例評釈として，松田竹男「タジッチ事件（The Prosecutor v. Duško Tadić a/k/a "dule"）」薬師寺公夫，坂元茂樹，浅田正彦，酒井啓亘編集代表『判例国際法〔第 3 版〕』（東信堂，2019年）398頁，400頁を参照。

においても，前者・国際的武力紛争における戦争犯罪（同 8 条 2 項(a)および(b)）と後者・非国際的武力紛争における戦争犯罪（同(c)および(e)）とが明文規定上区別されている。このように戦争犯罪を武力紛争の性質に応じて 2 つに区分する規定ぶりは，講学上，ツー・ボックス・アプローチ（two-box approach）とも呼ばれている。

　ここで，国際的武力紛争と非国際的武力紛争の違いに着目してみると，後者・非国際的武力紛争には，伝統的な内戦ともいうべき政府軍と反政府武装組織との間の垂直型の紛争だけでなく，非国家武装組織同士による水平型の内戦や，いわゆる対テロ戦争のような，外国領域に所在する非国家武装組織と国家との間の紛争（越境型武力紛争）なども含まれうることから，概念上必然的に，少なくとも紛争当事者の一方は非国家的なアクターであることがわかる。したがって，非国際的武力紛争における戦争犯罪には，そうした非国家武装組織の構成員による行為も含まれうるのである。一方，国際的武力紛争においても，国家の正規軍（軍隊）の構成員たる戦闘員（Ⅱ 1）以外の主体によっても戦争犯罪が行われることがある。たとえば，国家間戦争において義勇兵（Ⅱ 2）や傭兵（Ⅱ 3），文民（Ⅱ 5）などが敵対行為に参加し，戦争犯罪にあたる行為を行ったような場合である。

　このように，現在の戦争犯罪は，今次のロシア＝ウクライナ戦争のような国家間戦争を遂行する正規軍の将兵（戦闘員）による行為に限られないのである。これを日本刑法の文脈に引き直していえば，戦争犯罪は，基本的には，戦闘員たる身分の存在を要件とする身分犯ではないということになろう。戦争犯罪を通常の殺人罪等とは異質の中核犯罪たらしめているのは，むしろ，行為と武力紛争との関連性（nexus），および，（ことジュネーヴ法[3] に関しては）捕虜や文民などといった被害者の属性である。

Ⅱ　武力紛争におけるさまざまなアクター

　次に，武力紛争に関わる各アクターについて，犯罪の主体という観点から考

（3）　武力紛争法（国際人道法）には，交戦者の権利義務や害敵手段の規制に関する規則であるハーグ法と，武力紛争の犠牲者の保護に関する規則であるジュネーヴ法という 2 つの系譜が存在する。両者の区別について詳しくは，藤田久一『新版 国際人道法〔再増補〕』（有信堂，2005年）2 頁などを参照。

えてみたい。その際，イメージが湧きやすいように，現在 ICC が捜査手続を進めているウクライナ事態[4] におけるアクターを題材にしながら議論を進めていく。今般のロシア＝ウクライナ戦争は，ロシアとウクライナという 2 つの主権国家による国家間戦争，すなわち国際的武力紛争である。そこでは，国家の正規軍たるロシア軍およびウクライナ軍の将兵以外にも，民間軍事会社「ワグネル・グループ」の隊員，ウクライナの抵抗運動の構成員，アゾフ連隊をはじめとする義勇兵部隊の構成員，外国人義勇兵など，さまざまなアクターが戦闘に参加していることが明らかとなっている[5]。これらのアクターは，武力紛争法および国際刑事法の領域ではどのように分類・評価されているのだろうか。

1　紛争当事者の軍隊の構成員

(1) 総　説

国家の正規軍は，武力紛争法上，「軍隊」（armed forces）と呼ばれ（ジュネーヴ諸条約第 1 追加議定書43条 1 項），その構成員は，衛生要員・宗教要員等の例外を除いて，「戦闘員」（combatant）としての資格を有し，「敵対行為に直接参加する権利を有する」（同条 2 項）。戦闘員特権（combatant's privilege）とも呼ばれるこの権利は，免責特権（国内訴追免除特権）と捕虜特権を指すものとされている。このうち，前者・免責特権としての戦闘員特権がもたらす効果として，たとえば，国際的武力紛争において，戦闘員資格を有する兵士が敵国の兵士を殺傷したのちに敵国の捕虜になったとしても，武力紛争法を遵守して行われた行為については，戦争犯罪はもちろんのこと，殺人罪や傷害罪といった通常犯罪に基づく処罰をも免れることができる。他方で，当該殺傷行為が武力紛争法の重大な違反行為ないし著しい違反を構成するものであった場合には，戦争犯罪として，ICC が管轄権を行使しうるほか，紛争当事国または第三国の国内裁判所においても刑事訴追の対象となりうる。現在ウクライナ国内で進められている，同国刑法438条所定の「戦争の法規及び慣例の違反」の罪に基づく刑事

（4）　今般のロシア＝ウクライナ戦争を素材に ICC の制度について概説したものとして，久保田隆「ウクライナにおける『戦争犯罪』と国際刑事法」『国際法学会エキスパート・コメント』No. 2022-11, at https://jsil.jp/wp-content/uploads/2022/06/expert2022-112.pdf（as of 5 January 2024）がある。

（5）　保井健呉「国際法における捕虜 ── ロシア・ウクライナ戦争をめぐって」『国際法学会エキスパート・コメント』No. 2023- 5, at https://jsil.jp/wp-content/uploads/2023/06/expert2023-5.pdf（as of 5 January 2024）1 頁，4 - 5 頁参照。

手続の数々は，まさにその好例である。

(2) 関連する論点

　今般のロシア＝ウクライナ戦争を受けて議論が活発化した論点として，交戦者間における武力紛争法の平等適用ないし差別適用の問題がある。これは，端的にいえば，攻撃側・防衛側の双方に同一のルールを適用することで，同一の義務を課し，同一の権利を付与するのか，という問題である。具体的には，たとえば，侵略行為を遂行する攻撃側の軍隊の戦闘員による行為についても，上述の戦闘員特権（免責特権）を認めるのか，といった形で議論されている。今日では，武力行使それ自体の違法性を問うユス・アド・ベルム（*ius ad bellum*）と，武力紛争における戦闘行為や犠牲者の保護に関するルールであるユス・イン・ベロ（*ius in bello*）── 武力紛争法・国際人道法と同義 ── とを適用上分離する分離原則が定説である[(6)]。したがって，攻撃側（ロシア）の戦闘員によって武力紛争法を遵守しながら行われた人の殺傷等も，防衛側（ウクライナ）による刑事訴追を免れることとなる（ただし，ユス・アド・ベルムの違反について，別途，侵略犯罪〔ICC 規程 8 条の 2 など〕が成立する余地がある）。

　また，戦闘員資格を有する者には，武力紛争法上，捕虜となる資格が与えられ（第 1 追加議定書44条 1 項），人道的な保護の対象となる（同45条）。たとえば，暴行や脅迫，侮蔑的な取扱いなどから保護される（捕虜条約13条）ほか，抑留国が捕虜から情報を得る際に肉体的または精神的な拷問その他の強制を加えてはならないこと（同17条）などが定められている。一方で，捕虜は，抑留前に行われた行為について，戦争犯罪に基づいて処罰を受けることがある。ただし，その場合にも，捕虜資格は失われない（同85条）[(7)]。

　戦闘員としての地位に関連するさらなる問題として，免除（immunity）の問題がある。今次のロシア＝ウクライナ戦争がそうであるように，中核犯罪が国家による関与のもと行われた場合，必然的に，その実行にあたって，政府職員や軍隊構成員などの公職に就いている者が犯罪に関与したケースが中心となる。特に，ウクライナのような紛争当事国または第三国の国内裁判所で外国軍人の中核犯罪を処罰しようとするときには，（行為者からみて）外国の刑事裁判権からの免除が障壁となりうる。個人を享有主体とする免除には，国際法上，人的

（6）　詳しくは，新井京「侵略戦争における国際人道法の平等適用 ── ロシア・ウクライナ戦争からの示唆」『人道研究ジャーナル』12号（2023年）37頁，37頁以下を参照。

（7）　保井「前掲論文」（注 5 ）1 頁以下を参照。

免除（immunity *ratione personae*）および事項的免除（immunity *ratione materiae*）が存在する。戦闘員資格を有する軍隊構成員に関して問題となるのは，後者の事項的免除である。そこでは，事項的免除が認められる罪種（中核犯罪についても免除が認められるのか否か），および，人的範囲（どの程度の職位・階級の人物にまで免除が及ぶのか）が問題となるが，明確な解はいまだ示されていない[8]。

2　義勇兵・群民兵

　義勇隊や民兵隊と呼ばれる組織が「部下の行動について紛争当事者として責任を負う司令部」のもとに置かれている場合には（第 1 追加議定書43条 1 項），その名称とは無関係に，当該組織の構成員たる義勇兵には前述の戦闘員資格が付与されることになる。一方，正規軍に属していない場合であっても，義勇兵には，一定の要件のもと捕虜資格（および戦闘員資格）が与えられる（捕虜条約 4 条 A (2)）。その他，軍隊の構成員ではない群民兵（levée en masse）にも捕虜資格（および戦闘員資格）が付与される（同 4 条 A (6)）[9]。

　今次のロシア＝ウクライナ戦争においては，アゾフ連隊をはじめとする義勇兵部隊や外国人義勇兵が数多く戦闘に参加していることが報じられている。それらの構成員がウクライナの軍隊に編入され，その指揮のもと戦闘に参加する限り[10]，次に述べる傭兵にはあたらず，戦闘員資格（および捕虜資格）が付与されることになる。

3　傭　兵

前述の義勇兵とは似て非なるアクターとして，傭兵（mercenary）がある。第

（8）　アフガニスタン国軍（2021年のタリバンによる政権掌握前）の兵士による戦争犯罪に関して事項的免除の有無が争われたドイツ連邦通常裁判所（BGH）の判例につき，フィリップ・オステン，久保田隆「国際刑罰権の間接実施と事項的免除 —— 国家による中核犯罪の訴追と裁判権の免除をめぐる問題の一断面」『法学研究』94巻12号（2021年） 1 頁， 1 頁以下を参照。

（9）　黒﨑将広，坂元茂樹，西村弓，石垣友明，森肇志，真山全，酒井啓亘『防衛実務国際法』（弘文堂，2021年）330頁以下（黒﨑将広執筆）参照。

（10）　ウクライナ政府は，ロシアによるクリミア併合等が行われた2014年以降に義勇兵としてウクライナに加勢した外国人の法的地位が不明確であるという問題を解消するべく，法改正を行い，外国人が正規軍に自発的に参加することを可能にした。詳しくは，石井由梨佳「ロシア＝ウクライナ戦争に参加する者の国際人道法上の地位」『人道研究ジャーナル』12号（2023年）53頁，59頁を参照。

1 追加議定書47条によれば，備兵とは，「主として私的な利益を得たいとの願望により敵対行為に参加」する者であり（同条 2 項(c)），「紛争当事者の国民でなく，また，紛争当事者が支配している地域の居住者でない」者をいうとされている（同項(d)）。備兵は，義勇兵とは異なり，「戦闘員である権利又は捕虜となる権利を有しない」（同条 1 項）。したがって，武力紛争法上適法な戦闘行為を行った場合であっても，免責特権がないため，殺人罪等の通常犯罪に基づいて処罰されうる。

　今般のロシア＝ウクライナ戦争で戦闘に参加している民間軍事会社「ワグネル・グループ」の構成員は，（仮にロシア軍の指揮のもとに置かれていなかったとしても）紛争当事者たるロシアの国民である限り，第 1 追加議定書47条 2 項(d)の要件を満たさず，備兵にはあたらない[11]。また，先に述べた（外国人）義勇兵もまた，同項(c)所定の「主として私的な利益を得たいとの願望」を有しない限りは，備兵には該当しない。なお，間諜（スパイ）も備兵と同様，捕虜となる資格が与えられない（第 1 追加議定書46条）。

4　非国際的武力紛争における非国家武装組織の構成員

　非国際的武力紛争には，先述のとおり，政府軍と反政府武装組織との間の内戦や非国家武装組織同士の内戦などが含まれる。非国際的武力紛争を規律するジュネーヴ諸条約第 2 追加議定書には，上述の第 1 追加議定書43条 2 項に相当する明文規定は存在しないものの，非国家武装組織の構成員に対して，「権限のある当局は〔…〕できる限り広範な恩赦を与えるよう努力する」旨を定めた 6 条 5 項が存在する。これを免責特権と捉えるか，あるいは国家の政策判断による赦免と捉えるかについては，見解の対立がみられる[12]。また，国家主体側の行為者についても，国際的武力紛争の場合と同様に武力紛争法上の免責特権が認められるのか，それとも，もっぱら国内法上の許容性の問題として扱われるべきなのかが議論されている。

5　敵対行為に直接参加する文民

　文民でありながら敵対行為に直接参加（direct participation in hostilities: DPH）す

---

(11)　保井「前掲論文」（注 5 ） 4 - 5 頁参照。
(12)　詳しくは，黒﨑将広「越境型武力紛争時代の免責特権 ── 非国家武装組織の原初的地位は克服可能か」『法律時報』93巻 7 号（2021）47頁，50頁を参照。

る者は，文民としての保護を失うだけでなく，戦闘員資格も捕虜資格も付与されない。したがって，文民が敵対行為に直接参加し，敵国の戦闘員等を殺傷した場合には，たとえ武力紛争法に適合する方法や手段が用いられていたとしても，通常犯罪に基づく刑事責任を免れない。このことから，そのような文民は不法戦闘員（unlawful combatant）と呼ばれることがある。

　今般のロシア＝ウクライナ戦争との関連では，たとえば，ドローン偵察やSNSを通じた情報共有などを行うウクライナ市民がこれにあたるかどうかが問題となる[13]。

III　通常犯罪に基づく処罰の可能性

　国際刑事裁判所（ICC）において戦争犯罪を訴追・処罰する場合と，現在ウクライナでみられるように国内裁判所で裁判を行う場合との違いの1つとして，後者の場合には，通常犯罪ないし普通犯罪（ordinary crimes）の成否が同時に問題となりうるという点が挙げられる。この文脈における通常犯罪（普通犯罪）とは，端的にいえば，中核犯罪以外の犯罪類型を指す。日本の（実質的意義における）刑法でいえば，殺人罪や傷害罪，監禁罪，不同意性交罪，強盗罪，建造物損壊罪，放火罪などといった，（形式的意義における）刑法（刑法典）の各則に規定されている犯罪のほか，爆発物取締罰則や銃砲刀剣類所持等取締法（銃刀法）違反の罪などの特別刑法上の犯罪も含まれる。日本は，2007年にICC規程に加入する際に中核犯罪に関する立法手当を見送ったため，それらに特化した処罰規定がほとんど存在しない[14]。したがって，現行法上，基本的には通常犯罪の成否だけが問題となる。

1　2つの見解 —— 通常犯罪適用排除説と適用肯定説
　刑法典または特別刑法に戦争犯罪固有の処罰規定を有する国の場合，武力紛争法上，戦争犯罪として可罰的な行為（以下，A・戦争犯罪該当行為）について

（13）　詳しくは，川上愛「ロシア侵攻における抵抗するウクライナ市民の地位とその保護」『人道研究ジャーナル』12号（2023年）334頁，342-347頁以下を参照。
（14）　その数少ない例外として，「戦争犯罪」という罪名こそ用いられていないものの，国際人道法の重大な違反行為の処罰に関する法律（いわゆる国際人道法違反処罰法）3条から6条までに4つの戦争犯罪類型が規定されている。

は，戦争犯罪と通常犯罪の両方の成否が問題となる。武力紛争における加害行為の刑事責任をめぐっては，おおむね 2 つの見解がありうる。第 1 の見解は，武力紛争中に行われた殺人や傷害などの加害行為 —— より厳密には，武力紛争との関連性を有する加害行為[15] —— については，通常犯罪の適用がひろく排除され，戦争犯罪の成否しか問題にならない，というものである（以下，「通常犯罪適用排除説」とする）。この見解は，平時に適用される法体系と戦時に適用される法体系とは根本的に異なるものであり，平時には例外的にしか認められない加害行為が戦時には原則として許容される，という原則と例外の逆転を前提としたものである[16]。第 2 の見解は，武力紛争との関連においても通常犯罪は適用可能であり，戦争犯罪と競合しうる，というものである（以下，「通常犯罪適用肯定説」とする）[17]。

　ただし，後者の見解をとったとしても，Ａ・戦争犯罪該当行為の場合に必ず両罪が適用されるというわけではなく，罪数処理のレベルで通常犯罪の適用が排除される場合がありうる。たとえば，文民を攻撃の対象として当該文民を死亡させた場合（第 1 追加議定書85条 3 項(a)）のように，武力紛争法の「重大な違反行為」（grave breaches）に該当し，戦争犯罪を構成する加害行為の場合には，戦争犯罪だけでなく，通常犯罪としての（故意の）殺人罪や傷害致死罪などの成否も問題となるが，罪数論上，通常犯罪の成立要件（人の殺害）が戦争犯罪のそれ（文民の殺害）に包含されているような場合には，（日本刑法でいえば法条競合〔特別関係〕として）通常犯罪の適用が排除され，戦争犯罪だけが適用されるという処理の仕方がありうる。このような場合に限っていえば，両説の間には結論に差がないこととなる。

2　戦争犯罪には該当しない加害行為に対する通常犯罪の成否

それに対して，戦争犯罪に該当しない加害行為についてはどうか。そこには，

（15）　たとえば，部隊内で発生した金銭トラブルに起因する殺人行為などは別論であり，いずれの見解をとったとしても，平時において行われたのと同様に（通常犯罪としての）殺人罪で処罰されうる。

（16）　ドイツの議論にみられる通常犯罪適用排除説について詳しくは，久保田隆「武力紛争における戦闘行為への国内刑法の適用 —— ドイツの議論状況を中心に」『法学政治学論究』119号（2018年）139頁，152–154頁を参照。

（17）　ドイツでは，実務上，通常犯罪適用肯定説が採用されており，学説上も多数説となっている。詳しくは，同上，145–152頁を参照。

武力紛争法の違反にはあたるが，慣習国際法上戦争犯罪としての可罰性を有しない加害行為（以下，B・武力紛争法のその他の違反）と，武力紛争法に違反しない加害行為（以下，C・武力紛争法上適法な行為）とがある。

　B・武力紛争法のその他の違反の具体例としては，たとえば，第 1 追加議定書57条に規定されている文民と戦闘員の区別に関する予防措置（偵察や警告射撃など）を怠った攻撃などが挙げられる。こうした武力紛争法の違反行為は，それ自体は同議定書の重大な違反行為には含まれておらず，ICC 規程においても戦争犯罪として定められていない。したがって，通常犯罪適用排除説の立場からは，戦争犯罪も通常犯罪も適用されず，不可罰（犯罪にはあたらないとの評価）となる。一方，通常犯罪適用肯定説の立場からは，武力紛争法に違反する行為であったことを理由として，戦闘員特権（免責特権）の効果を否定して，通常犯罪で処罰する余地が残される[18]。

　C・武力紛争法上適法な行為については，通常犯罪適用排除説の立場からは不可罰との結論となる。同様に，通常犯罪適用肯定説の立場からも，正規軍の構成員や（国家の軍隊に所属する）義勇兵などについては，先に述べた戦闘員特権（免責特権）に照らし，不可罰ないし不処罰（犯罪と評価する余地もあるが，いずれにせよ処罰は免れる）との結論が導かれる。一方で，敵対行為に直接参加する文民のように，戦闘員資格が付与されない行為者については，仮に武力紛争法を遵守していたとしても，殺人罪等を適用することが可能である。このように，戦闘員資格というある種の「身分」の有無が通常犯罪の成否を左右するのである。

お わ り に

　以上，本章では，戦争犯罪について，犯罪の主体という視座から考察を行っ

（18）　この点，たとえば，中核犯罪に関するドイツの国内担保法である国際刑法典（Völkerstrafgesetzbuch）の立法理由書では，B・武力紛争法のその他の違反にも謀殺罪（ドイツ刑法典211条）等の通常犯罪の適用が可能であるとの見解が示されている（BT-Drucks. 14/8524, p. 13）。詳しくは，久保田「前掲論文」（注16）148-149頁を参照。しかしながら，その場合，「予防措置懈怠罪」ともいうべき行為を（故意の殺人罪の一種である）「謀殺罪」として処罰することは果たして妥当なのか —— より一般化していえば，不法の内実ないし保護法益に重大な齟齬がみられるのではないか —— が問われることになろう。

た。戦争犯罪は，国家の正規軍の構成員たる戦闘員以外のアクターによる行為をも処罰することのできる犯罪類型であるため，主体ごとにその特徴を捉えることが求められる。特に重要なのは，（少なくとも国際的武力紛争における）国家の正規軍の構成員たる戦闘員に認められる武力紛争法上の戦闘員特権（免責特権）が，通常犯罪（普通犯罪）の成否にどのような影響をもたらすのか，という点である。この問題については，通常犯罪適用肯定説と適用排除説の両説がありうるところ，いずれの学説を採用するかに応じて，特に戦争犯罪には該当しない加害行為（とりわけ上述の B の行為）に関する法的評価が大きく左右されうる。

　この問題は，戦争犯罪固有の処罰規定をほとんどもたず，既存の刑法での対応を予定する日本にとって，決して看過できないものである。日本の現行の法制度では，通常犯罪適用肯定説が前提とされていると理解するのが自然であるが，その際，通常犯罪が不成立となる範囲（特に，B・武力紛争法のその他の違反の事案の処理）の問題[19]や，戦闘員特権（免責特権）の国内刑法上の位置づけの問題[20]などが争点となりうる。日本が戦争犯罪の国際的な訴追・処罰ネットワークに参画する上では，戦争犯罪の国内法化の問題[21]とは別に，これら通常犯罪の適用上の諸問題をも解決しておく必要がある。

〔付記〕本章は，『法学セミナー』825号（2023年10月）に掲載の拙稿に加筆したものである。また本章は，JSPS 科研費　課題番号20K22049の研究成果の一部である。

（19）　詳しくは，久保田隆「自衛官による加害行為と刑法三五条に基づく違法性阻却── 防衛出動等における武力の行使を中心に」『法学政治学論究』120号（2019年）129頁，149-150頁を参照。
（20）　免責特権としての戦闘員特権を国内刑法上，①違法性阻却事由と位置づけた場合，戦闘員による武力紛争法を遵守した戦闘行為は，実体法上犯罪ではない（不可罰）と評価されることになる。一方，②人的処罰阻却事由または③訴訟障害と位置づけた場合には，実体法上犯罪は成立するが，②刑罰は科されない（不処罰）と考えるか（この場合，有罪判決を言い渡すことも理論上可能である），③手続法上訴追が制約されているにすぎない（不処罰）と考えることになる。この問題は，非身分者（ここでは，戦闘員特権を有しない者）による共犯の成否に影響するなど，実際上も重要な違いをもたらす可能性があるため，さらなる検討を要する。
（21）　日本における中核犯罪の国内法化につき，フィリップ・オステン「国際刑法の回顧と展望」『刑法雑誌』62巻 2 号（2023年）331頁，339-341頁を参照。

第5章　戦争犯罪の指導者処罰と刑事責任の形態

横 濱 和 弥

は じ め に

　2022年2月のウクライナ侵攻開始以降，ロシア軍により多くの戦争犯罪が行われている旨の報告がなされている[1]。そのような中，2023年3月17日に，国際刑事裁判所（ICC）が，ロシア大統領ウラジーミル・プーチン氏および大統領全権代表（子供の権利担当）マリヤ・リボワベロワ氏に対して，逮捕状を発付したとのプレスリリースを公開したことは[2]，大きな話題となった。

　プレスリリースによれば，両名には，遅くとも2022年2月24日以降にウクライナ被占領地区からロシアに向けて行われた，戦争犯罪としての住民（児童）の追放および違法な移送（ICC規程8条2項(a)(vii)および(b)(viii)：以下，単に規程というときはICC規程を指す）につき，嫌疑がかけられている。もっとも，両名は，（ウクライナ側発表によれば）約2万人が対象といわれる個々の移送行為に[3]，都度関わっていたわけではあるまい。むしろ，特に想定されているのは，両名が移送政策全体をオーガナイズする「指導者」として関与していたのではないか，という嫌疑であろう。このように，ICCにおける中核犯罪の訴追・処罰を

---

(1)　国連人権理事会の独立調査委員会の報告書参照。UN Doc. A/HRC/52/62, 15 March 2023; UN Doc. A/78/540, 19 October 2023. なお，ウクライナ側による戦争犯罪等の報告もみられることには，留意する必要がある。

（2）　"Situation in Ukraine: ICC judges issue arrest warrants against Vladimir Vladimirovich Putin and Maria Alekseyevna Lvova-Belova," (ICC, 17 March 2023), at https://www.icc-cpi.int/news/situation-ukraine-icc-judges-issue-arrest-warrants-against-vladimir-vladimirovich-putin-and (as of 29 December 2023). なお，被害者・証人の保護および捜査の保全の観点から，逮捕状の詳細な内容は公開されていない。

（3）　なお，2023年8月にリボワベロワ氏が発表した報告書では，ウクライナから70万人以上の子供を「受け入れた」とされているという。「ロシア，子供70万人含む住民480万人を「受け入れた」…ウクライナからの強制移送を否定」（読売新聞，2023年8月3日），at https://www.yomiuri.co.jp/world/20230803-OYT1T50263（as of 29 December 2023）参照。

見据えるときには，その組織性・広範性等に鑑み，犯罪を自らの手で直接実現するわけではない，背後の指導者の刑事責任を，いかに把握するかという視点が重要となる。

　また，両名の刑事責任の形態としては，(i)「犯罪行為を直接に，他の者と共同で，および／または他の者を通じて行った」（規程25条 3 項(a)）ことが掲げられ，加えてプーチン氏については，(ii)「犯罪行為を実行した，自己の実質的な権限および管理の下にある文民・軍隊の部下に対して，管理を適切に行使しなかったこと，または，犯罪行為の実行を許容した」（規程28条(b)）ことも掲げられている。(i)は犯罪の「正犯」（principal）責任，(ii)は「上官責任」（superior responsibility）といわれ，これらは，犯罪の指導者の責任を念頭に発展してきた概念で（も）ある。今般の逮捕状発付に際して，これらの責任形態がチョイスされたことは，不思議ではない。

　もっとも，両概念の内容は，あまり一般的に知られていないのではないか。(i)正犯の概念は，共犯に対置される概念として，日本の刑法学でも馴染みがあるものの，ICC にいう正犯概念の内実は，日本刑法のそれと同一ではない。また，(ii)上官責任は，国際刑事法固有の概念であり，日本刑法にはこれと一致する概念はない。

　そこで，本章では，両形態の内容を紹介し，今般の逮捕状の意味合いを検討してみることとしたい。以下，まずは正犯形態（Ⅰ），次いで上官責任（Ⅱ）を概観し，最後に今般の逮捕状の意義に触れる（むすびに代えて）。

Ⅰ　戦争犯罪についての正犯責任

1　正犯・共犯体系と行為支配論

　規程25条 3 項(a) – (d)は，犯罪に対する関与の形態を定める。(a)は，「㋐単独で，㋑他の者と共同して，又は㋒他の者が刑事上の責任を有するか否かにかかわりなく当該他の者を通じて当該犯罪を行うこと」（記号は筆者による），すなわち，犯罪の「実行」（commission）形態を定める。このうち，㋐は「単独で」の実行（直接単独正犯），㋑は「共同」での実行（共同正犯），㋒は「他の者を通じ」た実行（間接正犯）を定めている。他方，同項(b)以下は，犯罪の実行の存在を前提として，それに対する様々な寄与の類型を定める。すなわち，(b)は犯罪実行の命令・教唆等，(c)は犯罪実行の幇助等，そして(d)は集団による犯罪実

行に対する寄与の類型を定めているのである。

　各形態の序列関係につき，ICC 判例上，(a)は第 1 次的な責任形態たる「正犯」を定める一方で，(b)以下は第 2 次的な「共犯」形態を定めたものと解されている。その上，ICC 初の上訴審判決が下された Lubanga 事件では，正犯は共犯と比べて「より重い非難可能性を有する」とされた[4]。この整理からは，(a)の正犯と(b)以下の共犯は，区別されるべき関与形態といえ，特に犯罪に複数人が関与する場合に，関与者が共犯に留まるのか，それとも共同正犯や間接正犯として第 1 次的な責任を問われるのかが，違法評価や量刑判断の場面で，大きな影響を及ぼすこととなる（正犯・共犯体系）。

　以上の序列関係を前提とすると，正犯と共犯は，いかなる基準に従い区別されるべきか。判例は，「行為支配」（control over the crime）の有無に従い，両者を区別してきた[5]。たとえば，共同正犯においては，犯行が分業的に遂行される中で，関与者が自己の役割を果たさないことで犯行を頓挫させることができる場合，「機能的行為支配」を行使しているといえるから正犯たりうる，と説明される。また，間接正犯においては，錯誤に陥っている者を利用するなど，他人に対する「意思支配」を行使しているから，正犯と評価されるという。他方，犯罪事象につき「支配」を行使しない者は，共犯に留まる。この「行為支配論」は，ドイツやその影響下にある国々の刑法学説を基盤としている[6]。

　もっとも，以上のような正犯・共犯体系に基づく理解には，異論もある。たとえば，正犯・共犯体系を採用する日本刑法（63条）やドイツ刑法（27条 2 項）では，幇助犯につき刑の必要的減軽が定められる一方，ICC 規程上は，関与形態が量刑に直接影響を及ぼす旨の規定はない[7]。それゆえ，ICC では正犯・共

（4）　*Prosecutor v. Lubanga*, ICC-01/04-01/06-3121-Red, Appeals Chamber, 1 December 2014, para. 462.

（5）　上訴審の判断として，*ibid.*, para. 473; *Prosecutor v. Ongwen*, ICC-02/04-01/15-2022-Red, Appeals Chamber, 15 December 2022, paras. 628 *et seq.* また，*Prosecutor v. Ntaganda*, ICC-01/04-02/06-2666-Red, Appeals Chamber, 30 March 2021, paras. 1041 *et seq.* も参照。

（6）　ICC の行為支配論につき，フィリップ・オステン「国際刑法における『正犯』概念の形成と意義」川端博ほか（編）『理論刑法学の探究③』（成文堂，2010年）111頁，119頁以下；後藤啓介「国際刑事法における行為支配論と共同正犯(1)」『亜細亜法学』50巻 1 号（2015年）1頁，26頁以下，34頁以下，42頁以下等。また，ドイツにおける正犯論の大家であるロクシンによる論稿の邦訳として，クラウス・ロクシン，吉田宣之（訳）『正犯の本質と行為支配』（成文堂，2023年）がある。

（7）　規程78条 1 項は，量刑に際して，「手続及び証拠に関する規則に従い，犯罪の重大さ，有罪の判決を受けた者の個別の事情等の要因を考慮する」と定める。これを受けた

犯体系の採用は必然ではないとの批判がみられるのである[8]。Bemba et al. 事件上訴審量刑判決では，Lubanga 事件上訴審判決で述べられた，正犯は共犯と比べて「より重い非難可能性を有する」との判示は，一般論に過ぎず，正犯が自動的に共犯よりも高い非難可能性を有する訳ではない旨が強調されていた[9]。

2　指導者の捕捉 ―― 間接正犯と間接共同正犯

(1)　指導者処罰と間接正犯

　今般のプーチン氏らについて想定されているような，犯行の現場から離れたところで命令を下す，犯罪の「指導者」の責任は，正犯・共犯体系を前提とすると，どのように把握されるべきであろうか。たとえば，共犯形態としての教唆・命令といった形態（規程25条 3 項(b)）の適用も考えられるものの，指導者は第 1 次的な責任を負うべき，との価値判断に従えば，まずは可能な範囲で(a)正犯としての捕捉が望まれることとなる。日本の判例上，刑法60条に基づき，共謀共同正犯が広く認められており，狭義の共犯（教唆・幇助）で処断される例が少ないことも，同様の文脈で理解できる[10]。

　この点に関して注目すべきは，ICC 判例が，指導者の刑事責任を適切に把握するという目的の下，間接正犯（「他の者を通じ」た犯罪実行）を拡張的に把握してきたということである。日本の刑法学上，間接正犯の典型例としては，直接実行者が完全な刑事責任を有さない場合（たとえば，背後者たる医師が，情を知らない看護師を利用して，患者に毒薬を注射させる場合）が挙げられることが多い。しかし，規程25条 3 項(a)では，「他の者が刑事上の責任を有するか否かにかかわりなく」，背後者が間接正犯となる旨が定められているため，直接実行

手続及び証拠に関する規則145- 1 (c)は，量刑の際の考慮要素として，有罪とされた者の「関与の度合い」（the degree of participation）を挙げるが，共犯者が類型的に刑の減軽を受ける趣旨とは言い難い。

（ 8 ）　たとえば，*Prosecutor v. Ntaganda*, ICC-01/04-02/06-2666-Anx 5 , Appeals Chamber, 30 May 2021, paras. 42-43. また，フィリップ・オステン「正犯概念再考」『法学研究』87巻 5 号（2014年） 1 頁，14頁以下；北島佑樹「国際刑事裁判所（ICC）における条約法条約の適用とその意義」『国際関係論研究』35号（2021年）41頁，44頁以下も参照。

（ 9 ）　*Prosecutor v. Bemba et al.*, ICC-01/05-01/13-2276-Red, Appeals Chamber, 8 March 2018, paras. 59-60.

（10）　亀井源太郎『正犯と共犯を区別するということ』（弘文堂，2005年） 6 頁以下によれば，やや古い統計ではあるが，昭和27年から平成10年までの通常第 1 審における有罪総人員中，犯行に複数人が関与したケースのうち，約98％が，被告人が正犯として関与した場合であったとされる。

者が完全な責任を負う場合であっても，背後者は間接正犯たりうる。これは，ドイツ法で承認されている「正犯の背後の正犯」の観念を受容したものと説明される[11]。

　ICC 判例は，正犯の背後の正犯を肯定できる場合として，いわゆる「組織支配」（control over the organization）を利用した間接正犯を挙げている。これによれば，背後の指導者は，組織的権力機構に支配を行使することで，部下を「巨大な機械の単なる歯車」として利用し，犯罪結果を自動的に生じさせることができるがゆえに，正犯と捉えられるとされる[12]。この概念は，元々はドイツにおいて，ナチス犯罪の指導者責任を念頭に発展してきた[13]。

　組織支配の基準につき，直近の上訴審判決は，「間接正犯者が，犯罪が遂行されるべきか否かを判断する自由を部下の 1 人に対して残すことなく，自己に服する権力機構の少なくとも一部を，犯罪の実行に向けて意図的に操縦するために利用したこと」が必要とする。また，その検討にあたっては，❶機構が階級的組織であること，❷機能的な自動性，❸現場構成員が性質上代替可能であること，❹直接実行者の犯罪行為が組織のためになされたこと等の事情に着目することが有用とされる[14]。以上の事情は，組織の命令系統を通じて犯行が自動的に遂行されるよう確保し，命令が拒否されても他の構成員で代替できるようにする点で，犯罪遂行に向けた背後者の支配力を強化するといえる。

(2) 間接正犯と間接共同正犯

　指導者が，単独で組織支配を行使していた場合は，単独の間接正犯となる。他方，複数指導者が連携して，支配下の組織を通じて犯罪を実現した場合につき，ICC 判例は，間接正犯と共同正犯を組み合わせた，「間接共同正犯」（indirect co-perpetration）概念を採用してきた[15]。

　これには 2 つのパターンがあるとされる。第 1 は，指導者 A・B が共同して

---

(11)　*Prosecutor v. Katanga and Ngudjolo*, ICC-01/04-01/07-717, Pre-Trial Chamber, 30 September 2008, para. 496.

(12)　*Ibid.*, para. 515.

(13)　後藤啓介「間接正犯論の新展開」『慶應法学』24号（2012年）163頁，177頁以下；黄士軒「共謀共同正犯に関する基礎的研究(5)」『法学協会雑誌』134巻 6 号（2017年）899頁，900頁以下も参照。

(14)　*Ongwen, supra* note 5, para. 631. また，後藤啓介「国際刑事裁判所規程25条 3 項(a)に基づく間接正犯」『亜細亜法学』52巻 2 号（2018年）1 頁，36頁以下も参照。

(15)　同概念につき，後藤啓介「国際刑事法における間接共同正犯の規範的根拠と法的性質」『亜細亜法学』58巻 1 号（2023年）1 頁以下も参照。

部下集団 α に支配を行使する場合である（図 1）。この場合，α による犯罪についての正犯責任を A・B 両名に帰属させるには，共同正犯と間接正犯の双方の視座が必要たりうる。第 2 は，複数指導者が別個の部下集団にそれぞれ単独で支配を行使しているが，指導者間の合意に基づき，両集団が連携して犯罪を遂行する場合である（図 2）。たとえば，指導者 C が部下集団 β，指導者 D が部下集団 γ に支配を行使している場合，自身の部下集団の行為については単独の間接正犯として罪責を負うが（実線矢印の「帰責」），自己の支配下にない他方の部下集団の行為については，間接正犯だけでなく，C と D の連携に基づく共同正犯の視座も組み合わせることにより，正犯責任を肯定できるとされる（点線矢印の「帰責」）[16]。

　今般のプーチン氏らに対する逮捕状の事案で想定されていると思われる，国

図 1　　　　　　　　　　　図 2

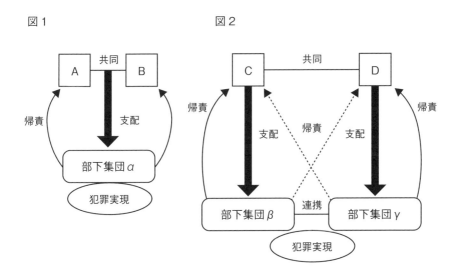

（16）　Gerhard Werle and Florian Jessberger, *Principles of International Criminal Law*, 4th ed. (Oxford University Press, 2020), mn. 654-658. 第 2 のパターンの例として，*Katanga and Ngudjolo, supra* note 11 があるが，第 1 審で事件が分離され，Ngudjolo は無罪となり，Katanga は規程 25 条 3 項(d)の形態で処断された。

家元首が他の閣僚等と共に組織を支配する場合では，第 1 のパターンが問題と
なるケースが多いと思われる。この点につき，たとえば，ICC の Ongwen 事件
（ウガンダの武装集団 LRA により，複数のキャンプで文民の殺害等が行われた事件）
では，指揮官たる被告人が単独でキャンプへの攻撃を命じた事案につき，単独
の間接正犯が認められた一方，攻撃前に指揮官間の会合が行われ，攻撃に関す
る合意が形成された事案では，間接共同正犯とされた[17]。今般のプーチン氏
らについても，解明された具体的事実関係を前提に，共同正犯，間接正犯，間
接共同正犯，あるいは共犯のいずれが，各行為態様の評価として最も適してい
るかという観点から，検討を行うことが求められる。

　なお，間接共同正犯という関与形態それ自体は，規程25条 3 項(a)に直接定め
られているわけではないことから，同概念を認めることは罪刑法定主義に反す
るとの批判も提起されていることには，留意する必要がある[18]。

II　戦争犯罪についての上官責任

1　上官責任の成立要件

　ここからは，上官責任概念をみていこう。同概念は，第 2 次大戦直後の戦犯
裁判で形成され，軍の指揮官や政治的指導者等の「上官」の責任を追及する概
念として発展してきた[19]。

　ICC 以前の国際法廷では，旧ユーゴ国際刑事裁判所（ICTY）規程 7 条 3 項や，
ルワンダ国際刑事裁判所（ICTR）規程 6 条 3 項に規定がみられ[20]，多くの判

（17）　Lukodi キャンプ（間接正犯）につき，*Prosecutor v. Ongwen*, ICC-02/04-01/15-1762-Red, Trial Chamber, 4 February 2021, paras. 2963–2973; Pajule キャンプ（間接共同正犯）につき，*Ibid.*, paras. 2851-2874.
（18）　この点に関しては，ICC 判事の間でも，見解の対立が存在した。その紹介につき，後藤「前掲論文」（注15）30頁以下が詳しい。また，新井京「国際刑事裁判所における規程の『発展的解釈』」『国際法外交雑誌』119巻 1 号（2020年）31頁，42頁以下も参照。
（19）　沿革につき，永福誠也『国際刑事裁判所規程第28条にみる上官責任の考察』（内外出版，2014年）12頁以下。本節の記述につき，横濱和弥「中核犯罪に対する『上官責任』とその国内法化」『刑法雑誌』61巻 2 号（2022年）218頁以下も参照。
（20）　ICTY 規程 7 条 3 項と ICTR 規程 6 条 3 項の条文はほぼ同内容である。前者の規定は次の通りである。
　　第 7 条　個人の刑事上の責任
　　3　上官は，部下が第 2 条から第 5 条までに定める行為を行おうとし又は行ったことを知っており又は知る理由があった場合において，当該行為を防止するため又は

例が存在する。それらによれば，上官責任の成立要件は，次の 3 つに整理される。すなわち，①犯罪実行者に対する「上官」としての地位にある者が，②部下による犯罪を知っていた，または知る理由があったにもかかわらず，③犯罪を防止するため，または犯罪を行った部下を処罰するための措置をとらなかったことである[21]。上官責任の特徴は，主体が「上官」としての身分・権能を持つ者に限定され（①），また，部下の適切な管理のために要求される一定の措置をとらないという，不作為が処罰対象とされる点（③）である。

　また，上官責任の特有の機能という点から注目すべきは，上官が②犯罪を認識していなかった場合や，③犯罪を行った部下を事後的に処罰しなかったに過ぎない場合も，刑事責任が生じる点である。通常，正犯・共犯の成立には，犯罪事実の認識と，犯罪への因果的寄与が要求されるため，上官責任概念は，処罰範囲を拡大する機能を持つ。このことは，組織犯罪の指導者処罰という観点からみて，重要な意義を有する。すなわち，たとえば組織の指導者が，現場から離れた場所で命令を下したと思しき場合であっても，命令の存在を立証することが困難であることは多い。そこで，上官責任概念は，このような場合にも，上官の不作為を理由に刑事責任を認める「セーフティネット」として機能しうるのである[22]。

　ICC に目を転じると，上官責任を定める規程28条は，ICTY 規程や ICTR 規程と比べて詳細な規定となっている。条文は次の通りである。

第28条　指揮官その他の上官の責任
裁判所の管轄権の範囲内にある犯罪についての刑事責任であってこの規程に定める他の事由に基づくもののほか，

(a)軍の指揮官又は実質的に軍の指揮官として行動する者は，その実質的な指揮及び管理の下にあり，又は状況に応じて実質的な権限及び管理の下にある軍隊が，自己が当該軍隊の管理を適切に行わなかった結果として裁判所の管轄権の範囲内にある犯罪を行ったことについて，次の(i)及び(ii)の条

当該行為を行った者を処罰するため必要かつ合理的な措置をとらなかったときは，当該行為が部下によって行われたという事実をもって，その刑事上の責任を免除されない。

（21）　*Prosecutor v. Mucić et al.*, IT-96-21-T, Trial Chamber, 16 November 1998, para. 346.

（22）　Werle and Jessberger, *supra* note 16, mn. 681.

件が満たされる場合には，刑事上の責任を有する。

　(i)当該指揮官又は当該者が，当該軍隊が犯罪を行っており若しくは行お
　　うとしていることを知っており，又はその時における状況によって知っ
　　ているべきであったこと。

　(ii)当該指揮官又は当該者が，当該軍隊による犯罪の実行を防止し若しく
　　は抑止し，又は捜査及び訴追のために事案を権限のある当局に付託する
　　ため，自己の権限の範囲内ですべての必要かつ合理的な措置をとること
　　をしなかったこと。

(b)(a)に規定する上官と部下との関係以外の上官と部下との関係に関し，上
官は，その実質的な権限及び管理の下にある部下が，自己が当該部下の管
理を適切に行わなかった結果として裁判所の管轄権の範囲内にある犯罪を
行ったことについて，次の(i)から(iii)までのすべての条件が満たされる場合
には，刑事上の責任を有する。

　(i)当該上官が，当該部下が犯罪を行っており若しくは行おうとしている
　　ことを知っており，又はこれらのことを明らかに示す情報を意識的に無
　　視したこと。

　(ii)犯罪が当該上官の実質的な責任及び管理の範囲内にある活動に関係し
　　ていたこと。

　(iii)当該上官が，当該部下による犯罪の実行を防止し若しくは抑止し，又
　　は捜査及び訴追のために事案を権限のある当局に付託するため，自己の
　　権限の範囲内ですべての必要かつ合理的な措置をとることをしなかった
　　こと。

　規程28条の下でも，上官は，部下による犯罪について具体的認識を欠いた場
合等[23]にも刑事責任を問われうるため，その処罰範囲が拡大されている点は，
ICTY・ICTR の場合と同様である。

　他方，同条では，上官責任が(a)と(b)に大別され，前者は軍の指揮官が主体の
類型，後者はそれ以外の上官・部下関係の類型であり，後者は文民の上官の類
型ともいわれる。着目すべきは，たとえば主観的要件の下限につき，(a)軍の指

<hr />

(23)　ただし，規程28条の下で，犯罪を行った部下の処罰を事後的に怠ったことのみを
　　もって，刑事責任を問えるかについては，実は争いがある。詳しくは，横濱和弥『国際
　　刑法における上官責任とその国内法化』（慶應義塾大学出版会，2021年）165頁以下参照。

揮官は部下による犯罪を「知っているべきであった」（should have known）ことで足りる一方，(b)では，犯罪を「明らかに示す情報を意識的に無視した」（consciously disregarded information which clearly indicated…）ことが要求されており（(a)(i)，(b)(i)），前者の方が処罰範囲が広い点である。これは，軍の指揮官が，軍隊という危険な集団に責任を負う立場であることによると説明される[24]。

軍隊に対する最高指揮権を有する国家元首（プーチン氏もこの類型である[25]）が，(a)にあたるのか，それとも元首自身は文民であるとして(b)にあたるのかについては，争いがある[26]。今般の逮捕状に関するプレスリリースでは，プーチン氏に対する嫌疑として規程28条(b)が掲げられており，これは文民としての地位に着目したものといえる。

なお，(a)・(b)いずれの場合も，上官の地位が，法律上の裏づけを有するか否かは重要でなく，上官が組織内部で「実質的管理」（effective control）を有するか否か，すなわち，部下による犯罪を防止・処罰する現実の能力の有無に従って，責任主体性が判断される[27]。

2　上官責任と正犯形態の関係

(1) 関与形態の競合

同一犯罪事実につき，上官責任と正犯・共犯の，双方の要件が充足される場合，適用関係はどうなるか。たとえば，上官が部下による犯罪を認識しつつ，あえてこれを防止しなかった場合，上官責任と，不作為による幇助犯等の，いずれの成立要件も充足しうる。

ICTY・ICTR では，この場合，正犯・共犯に基づく有罪のみを言い渡し，被告人が上官としての地位を有していたことを量刑の場面で考慮する，との実務が定着していた[28]。また，ICC の Bemba 事件では，被告人が人道に対する犯

---

(24)　詳しくは，同上，120頁。
(25)　ロシア大統領は，ロシア憲法87条1項に従い，ロシア軍の最高司令官としての地位を有する（ロシア憲法の英訳として，Russian Federation Constitution, CDL-REF（2021）010, at https://rm.coe.int/constitution-of-the-russian-federation-en/1680a1a237（as of 29 December 2023）。なお，ICC 予審裁判部は，この場合の元首も(a)にあたりうる旨述べたことがある。*Prosecutor v. Bemba*, ICC-01/05-01/08-424, Pre-Trial Chamber, 15 June 2009, para. 408, note 522.
(26)　詳しくは，横濱『前掲書』（注23）125頁以下。
(27)　同上，141頁以下。
(28)　たとえば，*Prosecutor v. Blaškić*, IT-95-14-A, Appeals Chamber, 29 July 2004, para. 91.

罪および戦争犯罪につき，共同正犯（規程25条 3 項(a)）と上官責任（同28条）の
双方で訴追されたところ，予審裁判部は，共同正犯が否定された場合にのみ，
上官責任を検討するとした[(29)]。そこには，正犯・共犯を優越的なものとして
位置づけ，上官責任を補充的なものと捉える発想が看取される。

　このことは，両者の法的性質の差異から説明可能と思われる。正犯・共犯で
は，他者（部下）により行われた犯罪についての関与責任が直接問われる一方，
上官責任においては，部下による犯罪との関係で，上官が作為義務を果たさな
かったことの責任がもっぱら問題とされ，しかも，上官が犯罪の認識を欠くな
ど，犯罪に関与したとは言い難い場合にも責任が生じる。この意味で，上官責
任の下では，上官は部下が行った犯罪との関係で，「固有の」（*sui generis*）責任
を負うとされる[(30)]。この理解からは，犯罪についての責任を直接定める正犯・
共犯のみで評価すれば足り，上官責任はそれに吸収されると考えられよう[(31)]。

(2) 責任の「程度」

　以上の通り，上官責任は，正犯・共犯との関係では，補充的な責任形態とし
て機能する。このことに鑑みると，上官責任に基づく刑事責任は，正犯・共犯
に基づくそれと比べて，類型的に「軽い」という整理もありえそうに思える。
しかし，ICC 第 1 審裁判部は，そのような類型的な軽重関係を否定し，量刑に
際しては具体的事案ごとの判断を行うとしていた[(32)]。

　もっとも，上官責任の下では，正犯・共犯のような関与責任を問われるわけ
ではなく，また，犯罪の認識を欠く場合等も処罰対象に含まれることを勘案す
ると，上官責任に妥当する不法および量刑のスケールは，正犯・共犯の場合と
比べて，類型的に軽いと考える方が妥当との批判も可能である[(33)]。実際，
ICTY では，上官責任のみに基づき有罪とされた者には，軽い刑が言い渡され
る傾向にあった[(34)]。

---

(29)　*Bemba*, *supra* note 25, para. 402.

(30)　*Prosecutor v. Bemba*, ICC-01/05-01/08-3343, Trial Chamber, 21 March 2016, paras. 173-174.

(31)　横濱『前掲書』（注23）78-97頁，225-230頁。

(32)　*Prosecutor v. Bemba*, ICC-01/05-01/08-3399, Trial Chamber, 21 June 2016, para. 16.

(33)　横濱『前掲書』（注23）230-231頁；Miles Jackson, "Causation and the Legal Character of Command Responsibility after Bemba at the International Criminal Court", *Journal of International Criminal Justice*, Vol. 20, (2022), p. 437, pp. 456-457.

(34)　詳しくは，横濱『前掲書』（注23）90頁以下。

むすびに代えて —— 今般の逮捕状の意義

　現時点では，プーチン氏・リボワベロワ氏のいかなる具体的行為が嫌疑の対象であるのかは，明らかではない。もっとも，ウクライナ被占領地区の子供のロシア国籍取得手続を簡素化し，孤児をロシア人と養子縁組させる等の政策は，プーチン氏の名の下で発された大統領令に基づいている。また，リボワベロワ氏はその実施を担当すべき立場の者と目されていたのかもしれない（また，リボワベロワ氏は，自らもマリウポリ出身の児童を養子にしたと報じられている）[35]。両名につき，「正犯」として逮捕状が発付されたのは，上のような事情によるものと考えられる。また，プーチン氏については，上官責任の嫌疑も向けられており，本章の理解によれば，これは正犯責任が認められなかった場合の補充的な責任形態という意味合いを持つ。

　いずれの責任形態が最終的に適用されるかは，今後の捜査でいかなる事情が明らかとなるかに依存する。指導者的地位を重視して，たとえば組織支配を通じた間接（共同）正犯や，上官責任の適用を検討する場合，いずれにしても，まずは犯罪遂行を担当した組織を明らかにし，当該組織の命令系統や，背後者の権限の内容等を解明した上で，組織の支配を通じて犯罪を行ったのか（間接〔共同〕正犯），それとも組織による犯行を禁圧しなかったと表現すべきか（上官責任），といった点等が検討されることとなろう。

　これらの証明は，必ずしも容易ではない。たとえば，上官責任につき，行為者が「上官」といえるだけの十分な権限を有していないとされた ICTY・ICTR 判例は多数あり，また，ICC における上官責任のリーディングケースである Bemba 事件では，上官の，部下による犯罪への対抗措置が不十分であったことの証明が欠けるとして，無罪が言い渡された[36]。それゆえ，今後の捜査をどれだけ実効的なものとできるかが，重要となる。

　〔付記〕本章は，『法学セミナー』825号（2023年10月）に掲載した拙稿に加筆したものである。また本章は，JSPS 科研費　課題番号22K13296の研究成果の一部である。

（35）　「ウクライナの子供 1 万6226人がロシアに強制移送…戦争犯罪の疑い，プーチン氏に逮捕状」（読売新聞，2023年 3 月19日），at https://www.yomiuri.co.jp/world/20230318-OYT1T50167（as of 29 December 2023）参照。

（36）　横濱『前掲書』（注23）113頁以下，145頁以下。

第6章　戦争犯罪の捜査

藤 原 広 人

は じ め に

　本章では，いわゆる atrocity crime すなわち，紛争時に行われる犯罪の捜査の特徴およびその過程に焦点を当てる。Atrocity crimes とは本来，ジェノサイド罪，人道に対する罪，通常の戦争犯罪（国際人道法に対する重大な違反）により構成されるものであるが[1]，以下本章では，便宜的にこれらを一括して「戦争犯罪」と呼び，戦争犯罪捜査を以下のように規定する：

　　「国際検察官が，戦争犯罪の責任を負うとされる個人に対して，法廷で
　　これらの個人の有罪または無罪を立証するために行う，証拠の収集，照合，
　　および分析の過程。」

　本章の構成は以下の通りである。まず，戦争犯罪捜査の特徴を国内の通常犯罪捜査との比較を通じて検討する。両者には共通点もある一方，重要な相違点も存在し，それが戦争犯罪捜査の特徴となっている。続いて，戦争犯罪捜査のプロセスについて，情報処理および証拠の分析の観点から論じる。

　戦争犯罪捜査の実際を明らかにすることは，もとより極めて重要なことであることは明らかであるが，現実には，国際検察官の捜査実務をより詳しく知ることのできる文献資料は多くない[2]。これは戦争犯罪捜査が国際検察官の職務

（ 1 ）　United Nations, *Framework for Analysis for Atrocity Crimes – A Tool for Prevention* (2014), at https://www.un.org/en/genocideprevention/documents/about-us/Doc. 3 _Framework%20of%20Analysis%20for%20Atrocity%20Crimes_EN.pdf（as of 19 February 2024), p. 1.

（ 2 ）　ICTY における捜査実務に関して Morten Bergsmo and William H. Wiley, "Chapter 10: Human Rights Professionals and the Criminal Investigation and Prosecution of Core International Crimes," in *Manual on Human Rights Monitoring: An Introduction for Human Rights Field Officers* (Norwegian Centre for Human Rights, 2010), at https://www.casematrixnetwork.org/fileadmin/documents/M._Bergsmo_and_W.H._Wiley__Human_Rights_Professionals_and_Criminal_Investigation__NCHR_Manual__10__pp._1 -29.pdf（as of 19 February 2024); Mi-

上最も機密性を要求される部分であり，実務を知る者は通常厳格な守秘義務に縛られていることに起因する。捜査過程に関する資料の希少さは近年設立された国際法廷に始まったことではなく，ニュルンベルク国際軍事裁判（IMT）や極東国際軍事裁判（IMFTE）のような歴史的な法廷に関しても同様である。したがって，本章は筆者が実際に経験した戦争犯罪捜査実務における経験的データに基づくところが大であり，各国際法廷による戦争犯罪捜査の体系的な比較研究を目的とするものではない[3]。

　最後に，現在行われているウクライナにおける戦争犯罪捜査について概説する。

I　戦争犯罪捜査の特徴

　戦争犯罪捜査の特質を考察するうえでまず有益なのは，現在世界各国で日常的に行われている通常の犯罪捜査との比較を行うことである。

　当然ながら，戦争犯罪捜査と国内通常犯罪捜査には共通点が存在する。両者は共に，(1)証拠の収集，および(2)収集証拠の法的解釈，という 2 つの基本的な側面から構成される。

　「証拠の収集」とは，ある個人の行動に関する情報の収集を意味し，その行動を犯罪が行われた文脈の中で理解することを意味する。他方「収集証拠の法的解釈」とは，収集された情報を犯罪の立証に必要な構成要件という観点から評価し，これを法により定められた手続きに従って確保・保全することを意味する。

　こうした共通点にもかかわらず，両者の間には多くの重要な相違点が存在する。それらは基本的に以下の 3 点に集約することができる；1 ）捜査の焦点，2 ）情報へのアクセス，3 ）犯罪の性質。

chael Keegan, "The Preparation of Cases for the ICTY," *Transnational Law & Contemporary Problems*, Vol. 7（1999）, pp. 119-128.

（ 3 ）　国際法廷による捜査過程に関して Hiroto Fujiwara and Stephan Parmentier, "Chapter 10 Investigation," in Luc Reydams, Jan Wouters, and Cedric Ryngaert（ed.）, *International Prosecutors*（Oxford University Press, 2012）, pp. 572-603; Xabier A. Agirre, "Methodology for the Criminal Investigation of International Crimes," in Alette Smeulers（ed.）, *Collective Violence and International Criminal Justice: An Interdisciplinary Approach*（Intersentia, 2010）, pp. 353-379.

1　捜査の焦点

　国内の通常捜査の場では，捜査官の第一の関心事は「誰が特定の犯罪行為を
おこなったかを明らかにすること」であり，当該犯罪が発生するに至った広範
な社会的背景の解明は二次的なものとなる。他方，国際検察官が指揮する戦争
犯罪捜査においては，犯罪が行われた背景を明らかにすることが，直接の加害
者の身元の確定以上に重要な関心事となる。

　国際刑事法廷の事項的管轄権（どの行為を犯罪として扱うことができるか），扱
う犯罪の種類，組織的に犯罪が行われた軍，警察，政治機関の刑事責任の範囲，
といった多くの主要な論点が，犯罪行為が行われた文脈から導き出される。例
えば，国際刑事裁判所（ICC）の設立文書であるローマ規程（ICC 規程）による
と，人を意図的に殺害する行為（殺人）は「戦争犯罪」（ICC 規程第 8 条 2 項(a)
(i)，(c)(i)，(e)(ix)），「集団殺害犯罪」（同規程第 6 条(a)），あるいは「人道に対する
犯罪」（同規程第 7 条 1 項(a)）として，それぞれ個別に（あるいは同時に）起訴さ
れる可能性がある。この場合，対象となる殺人がどういう文脈で行われたかに
より罪状が決定されるのである。「戦争犯罪」，すなわち1949年のジュネーヴ条
約に対する重大な違反を問うには，当該犯罪が国際武力紛争の文脈で行われた
ことが証明されなければならないし，人道に対する犯罪および集団殺害犯罪を
適用するには，それぞれ，広範囲にわたる犯罪の発生パターン（人道に対する
罪）および「特定の集団の全てあるいは一部を破壊する特別な意思（集団殺害
犯罪）」の存在が前提となる。

　戦争犯罪捜査と国内捜査のもう一つの違いは，捜査における未知の情報の量
である。国内捜査の場合，検察官が捜査対象とするのは，典型的には一人の加
害者，あるいは比較的少数により構成される加害者集団である。多くの場合，
被害者の身元は分かっており，時には加害者の身元も明らかになっている場合
が多い。これと対照的に，戦争犯罪捜査の場合，これらの情報の大部分が欠落
していることが通常である。まず，捜査対象となる被害者および加害者の数が
桁外れに大きい。ときに数千，数万の規模に達する被害者および加害者の存在
は，被害者および加害者すべての身元を特定することが事実上不可能であるこ
とを意味する。この際，戦争犯罪捜査にまず要求されるのはどこに捜査の焦点
を絞るかを定めることである。この点に関し，竹村仁美は「大物か小物かのジ
レンマ」という，戦争犯罪捜査にとってきわめて重要な側面を取り上げてい
る[4]。つまり，高位の政治家や軍指導者を捜査対象にすることが望ましいのか，

それとも中位の人物，あるいは下位の実行犯に焦点を当てるべきなのかという問題である。国際検察官は，捜査の対象範囲および起訴する訴状の選択において広範な裁量を与えられている。彼らがしばしば直面するのは，有罪判決を確保するために限定的な罪状を用いることが望ましいのか，あるいは，狭い罪状では到底対処しきれないような，巨大な被害規模に呼応した罪状を用いるのが望ましいのかという判断である。

2　情報へのアクセス

　通常捜査との第 2 の違いは，情報へのアクセスについてである。国内の通常犯罪捜査では，法執行当局は，証拠収集と保全のために捜査官を直ちに犯行現場に派遣することができる。法執行官は，捜査に不可欠な証人や証拠物件のみならず，犯罪の行われた現場にフルにアクセスすることができる。しかし戦争犯罪捜査の場合，事情は大きく異なる。

　国際検察官は，基本的に関係諸国の事前の同意なしに犯罪現場に立ち入ることはできない。国際検察官は犯行地，証拠物，証人に対して独占的かつ強制的にアクセスする権限を持っていない。実務上，国際検察官が戦争犯罪捜査に必要な証拠の収集を行う方法は，1）検察官が直接行う場合，と，2）当該国家当局に依拠する場合の 2 通りがある[5]。国際検察官が直接証拠収集を行う場合，国際検察官が自国領域内で証拠収集活動を行うことを当該国家が容認する必要がある。通常，国際検察官が自前で捜査することのできる人材，資材を十分に有していることは多くはなく，通常は国家機関（多くの場合，犯罪行為地），国連などの国際機関，さらには非政府組織（NGO）の協力を得て捜査活動を行う。

　間接的に証拠を収集する場合は，国家当局に司法共助を要請し，当該国家機関が国際検察官に代わって証拠収集をすることことになる。この場合，証拠収集の手続き，および収集する証拠の選別については当該国の法的手続きに従うこととなる。

（4）　Hitomi Takemura, "Big Fish and Small Fish Debate: An Examination of the Prosecutorial Discretion," *International Criminal Law Review*, Vol. 7（2007）, pp. 678-679.

（5）　Göran Sluiter, *International Criminal Adjudication and the Collection of Evidence: Obligation of States*,（Intersentia, 2002）, p. 327.

3　犯罪の性質

　第三の違いは，捜査対象となる犯罪の性質である。戦争犯罪は，１）複数の実行犯の存在，２）犯罪の実行にあたって指揮命令系統が存在すること，３）機密情報の内部通報者の存在など，国内におけるいわゆる「組織犯罪」に類似する点があるが，質的には大きく異なる点がある。

　戦争犯罪捜査が対象とする事象とは，ある都市や町全体の破壊，住民の大量虐殺，強制的な人口移動，などである。犯罪学者エザット・ファタハによると，「（戦争犯罪とは）個人だけでなく，集団全体に向けられた，あるいは集団全体に影響を及ぼす被害」を指す[6]。

　戦争犯罪が通常犯罪と異なるもう一つの点は，戦争犯罪の加害者の特異な行動パターンおよび動機に関するものである[7]。戦争犯罪は通常，軍人や政治家，官僚など，公的立場の人間が，政治的な動機や目的を追求する中で行われる。犯罪は政治的な背景の中で行われ，多くの場合，その行為は国家によって少なくとも黙認されることが多い。これとは対照的に，組織犯罪を含む国内犯罪は，通常，私人あるいは私人が属する組織によって遂行される。犯罪の実行に国家が関与することは通常なく，動機は主として個人的な利益であり，その行為は国内法で禁止され処罰の対象となる。

II　情報処理と証拠分析

1　情報処理プロセスとしての戦争犯罪捜査

　犯罪捜査とは，本質的に，特定の目的を達成するために，無数の生データ（raw data）から有意な知識（knowledge）を生み出す情報処理の一形態である。犯罪学者マーティン・イネスは，国内レベルの犯罪捜査のプロセス，特に殺人事件の捜査に関連して，犯罪捜査における「情報処理」という概念を提唱した[8]。

（6）　Ezzat Fattah, *Understanding Criminal Victimization*, （Prentice Hall Inc., 1991）, p. 412.

（7）　Stephan Parmentier and Elmar Weitekamp, "Political Crimes and Serious Violations of Human Rights: Towards a Criminology of International Crimes," in Stephan Parmentier and Elmar Weitekamp （ed.）, *Crime and Human Rights*, *Series in Sociology of Crime, Law and Deviance*, Vol. 9 （JAI Press, 2007）, pp. 109-144.

（8）　Martin Innes, *Investigating Murder: Detective Work and the Police Response to Criminal Homicide*, （Oxford University Press, 2003）.

　イネスに倣えば，戦争犯罪捜査とは，「犯罪が起きたかどうか」，「起きたとすれば誰がどのように関与したか」を確認することを目的とした，情報の分類および特定，解釈，選択した情報の体系化（ordering），という側面から説明される。戦争犯罪を扱う国際検察官による捜査とは，異なる情報源から収集された情報を機械的に統合することではなく，事件を立件するために，収集された情報から「起きた出来事」を再構築することである。

　戦争犯罪捜査の文脈では，犯罪が行われたことの確認は 2 つのレベルで行われる必要がある。まず，現地で何が起きたかを明らかにするためいわゆる crime base（実際に現地で起こったこと）を確定する。

　その上で，現地での犯罪の実行に責任を負う上級指揮官の関与（chain of command）を立証する必要がある。上級指揮官が犯行現場にいることは稀であり，犯罪実行者と指揮命令系統を関連づけるという側面は，戦争犯罪捜査の特徴であると同時に，捜査に最も多くの時間，人材が割かれる部分でもある。

　では，戦争犯罪捜査における有益な情報とそうでない情報，とは何だろうか。イネスの「情報処理」モデルに従うと，戦争犯罪捜査において用いられる情報は特殊な性質を有しており，以下の 3 つのカテゴリーから区別される必要がある。

2　情報の性質
(1) 生データと情報の区別
　第一に，「情報」は，戦争犯罪捜査の観点からみて関連性のないあるいは意味のないデータを含む「生データ」と区別される。戦争犯罪捜査で使われる情報は，「特定の環境下で活動する捜査官の特定の関心に基づいて」生データの中から選別される。戦争犯罪捜査では，国家，国際機関，非政府組織など，検察官以外の主体により大量の生データが収集される可能性がある。
(2) 知識と情報の区別
　第二に，「情報」は「知識（knowledge）」から区別される。「知識」とは，検察官が犯罪を理解するために解釈し分類した情報である。その意味で，単なる情報よりも高次の性質を有している。「情報」とは本来ある程度の曖昧さを有するものであり複数の解釈が可能であるが，いったん情報が「知識」となれば，検察官は，その「知識」をすでに証明された情報として使用する。
　「知識」は，検察官が戦争犯罪のナラティブ（筋書き）を構築するための基

本的な素材を提供する。戦争犯罪のナラティブ構築は，後に検察官が法廷で犯罪を立証するために非常に重要である。仮に検察官が構築したナラティブが説得力のないものであれば，立件は難しくなり裁判所において却下される可能性が高い。戦争犯罪の説得力あるナラティブの構築は，捜査官が持つ当該事件に関する「知識」の深さとレベルに左右される。

　戦争犯罪捜査の実務上，いわゆる crime base に関するナラティブを構築するのは比較的容易である。そのほとんどが国内の通常犯罪に類似した犯罪，たとえば殺人，レイプ，拷問などに関するものだからである。また，犯罪の規模（集団被害）が大きいため，crime base の存在の立証は容易であることが多い。他方，戦争犯罪の指揮命令に関するナラティブの構築は，そのために必要とされる国家機構とその機能に関する知識の量が膨大となり，はるかに困難な作業である[9]。しかし，かつて ICTY のブランメルツ主席検事が述べたように「政治的，軍事的，文民的指導者の起訴を成功させるためには，これらのつながり（指揮命令系統）を明らかにすることが（国際捜査の）中心的な課題」なのである[10]。

　歴史上，国際検察官は指揮命令系統のナラティブを構築するにあたって，しばしば「共謀（conspiracy）」ないし「共同犯罪組織（joint criminal enterprise）」の理論を採用してきた。この理論に従えば，すべての戦争犯罪は，被告人が関与・参画した「共謀」あるいは「共同犯罪計画」に起因することになる。

　「共謀」理論に依拠した代表例の一つは，第2次大戦後にドイツで行われたニュルンベルク裁判に見られる。ニュルンベルク裁判において，検察側は，ホロコーストは，ナチス指導者たちの中核グループが約20年間にわたって計画実行した，首尾一貫した共謀の結果であったと主張した。しかしこの見解は，その後多くの歴史家や研究者たちから，過度に単純化したナラティブでありナチスドイツの実態を反映していないと批判されるようになった[11]。同様の問題

（9）　Alette Smeulers, "Perpetrators of International Crimes: Towards a Typology," in Alette Smeulers and Roelof Haveman（eds.）, *Supranational Criminology: Towards a Criminology of International Crimes*,（Intersentia, 2008）, pp. 233-265.

（10）　Serge Brammertz, "International Criminal Tribunals and Conducting International Investigations," *Presentation at the Max Planck Institute for Foreign and International Criminal Law*, July 2009, p. 9.

（11）　Donald Bloxham, *Genocide on Trial: War Crimes Trials and the Formation of Holocaust History and Memory*,（Oxford University Press, 2001）.

は，東京における極東国際軍事裁判においても起きた。東京裁判の研究者であるジョン・プリチャードは，東京裁判の問題点を次のように指摘する。

「（日本政府および軍が行ったとされる）侵略戦争を立証するために，検察側が共謀罪を強調した結果，個別の歴史的出来事における被告個人の関与を明らかにするのは困難となった。裁判のほぼ全ての期間を通じて，被告個人による直接の犯罪行為については，ほとんど注目がされなかった」[12]

(3) 証拠と情報

戦争犯罪捜査において注目するべき，情報の第三のそして最後の様態は，「証拠（evidence）」である。証拠とは「知識」の特定の形態であり，この「知識」の保証は合法性の原則によって担保されている。

戦争犯罪捜査における証拠の生成プロセスは，基本的に情報プロセスの一形態である。しかし，このプロセスは，他の情報プロセスとは異なるさまざまな要因によって条件づけられている。その一つは，戦争犯罪の定義に関する実体法や手続や証拠に関する規則を含む法的枠組みによって枠付けられていることである。

以下の図は，検察官の捜査活動の進行に伴い，生データがどのように証拠に加工されるかを示している。

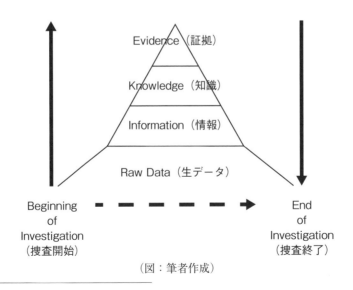

（図：筆者作成）

（12）　R. John Prichard, "The International Military Tribunal for the Far East and its Contemporary Resonances," *Military Law Review*, Vol. 149（1995）, p. 28.

　図中央のピラミッドは，戦争犯罪捜査中に処理されるデータの階層を表している。データが下の階層から上の階層に移動するにつれて，データの量は少なくなり，最終的には広範な「生データ」からわずかな「証拠」が生成されることを示している。図の下部にある破線の矢印は，捜査の進行に対応する時間軸を示している。図の両側にある 2 つの矢印は，捜査の方向性を示している。捜査開始当初は，未分類の膨大な量の生データを扱わなければならないため，捜査の方向性は帰納的（事実から結論へ）である。しかし捜査の進行に伴い，より付加価値の高いデータが得られるようになり，捜査の方向性はより演繹的（結論から事実へ）なものへとシフトしていく。

　戦争犯罪捜査において，先に述べたように立証されるべき犯罪のレベルが 2 つあることに関連して，crime base の捜査は通常，より帰納的な志向に従うのに対し，指揮命令系統の捜査は多くの場合演繹的な志向から始まる。これに関し，ニュルンベルク裁判の検察官であったタルフォード・テイラーは次のように説明する。

　「被告人の選別は，完全に「証拠が示すもの」によってなされると思われるかもしれないが，実際には問題はそれほど単純ではなかった。入手可能な「証拠」は無限に膨大で多種多様であり，我々（検察官）にできることは，そのごく一部を垣間見ることにすぎなかった。したがって，実際の証拠収集に際しては，あらかじめ（ナチスドイツに関する）前提となる知識をもとに，計画に基づいてアプローチする必要があった。つまり，帰納的な調査方法だけでなく演繹的な調査方法を用いる必要があったのである。捜査の開始にあたって，全ての捜査スタッフは，自分が現在捜査している第三帝国の特定の組織と機能に関してできるだけ早く通暁することを求められた。さらに，ナチスドイツの主要な政治家，公務員，軍人，実業家の名簿，「Who's Who」のようなものを作成する特別部門が設けられた。これらの調査から，まず戦争犯罪の責任の所在に関し暫定的な結論が導き出された。これらの暫定的な結論は，捜査が進行し，より多くの証拠が収集されるにつれて，常に修正され精査されていった。捜査における演繹的方法と帰納的方法は，互いに補完しあいながら行われた。第三帝国の構造に関する一般的な知識から演繹的に導かれた暫定的な結論は，膨大な数の詳細な証拠を精査する際の指針となった。証拠が収集され分析されるにつれて，ドイツ国家の統治機構と私企業の一般的な組織について，より正確な

光が当てられ，その結果，我々は正確な結論と推論を導き出すことができた。」(13)

ニュルンベルク裁判と東京裁判における捜査が，共に演繹的な（最初に被疑者ありき）アプローチを採用したことは明らかである。実際には，証拠収集が開始される前に起訴理論がすでに決定され，証拠収集はその起訴理論に沿って行われた。この結果，現代の国際法廷では通常数年を要する戦争犯罪捜査が，極めて短期間のうちに終結したのである（6 カ月弱）。

III　証拠の分析

戦争犯罪捜査において証拠収集と分析との間の緊張関係は，実務上，常に繰り返される主要課題の一つである。ここでの問題は，起訴するのに十分な証拠を収集するためまずは，幅広くできるだけ多くの証拠を収集する必要があるのか，あるいは，より多くの証拠が必要であるか否かを判断するために，すでに収集した証拠の分析を優先して行うべきなのかということである。この点に関しては，多くの識者が戦争犯罪捜査における証拠分析の中心的役割を繰り返し強調している。

戦争犯罪捜査における証拠分析には，特有の問題がある。すなわち，捜査の文脈が証拠分析に影響を与えるという 2 つの「認知バイアス」の問題である。

第 1 の「認知バイアス」は，国際検察官に代わって証拠を収集する外部主体が自らの利害関心に沿って情報をあらかじめ取捨選択したり，特定の事件に優先順位をつけたりすることから生じる。こうした外部主体は，国家機関，国際機関，NGO，あるいは各国の諜報機関でありこれらの組織の任務と目的は通常，国際検察官のそれとは異なっている。

例えば，調査型 NGO（非政府組織）（または国連などの国際機関によって設立される「事実調査委員会」）は，しばしば，ジェノサイドを疑われる事件など，国際検察官と同じ分野で人権調査を行うことがあるが，その調査の焦点は大きく異なる。NGO による調査の主目的は，人権違反を犯した政府に直接圧力をかけたり他国による間接的な影響力を行使することで，当該政府の政策変更を迫ることにある。これとは対照的に，国際検察官による戦争犯罪捜査は犯罪を犯

（13）　*Final Report to the Secretary of the Army on the Nuremberg War Crimes Trials Under Control Council Law No 10*, Washington, 1949, pp. 74-75.

した（と思料される）個人に焦点を当て，法廷で「合理的な疑いを超えて」有罪を立証するための証拠を集める。マイケル・キーガンは，ICTY（旧ユーゴスラビア国際刑事裁判所）の検察官が，当初国連専門家委員会の報告書に依拠したことと，そこから生じた問題について次のように述べている。

　「OTP（検察局）による捜査は，国連専門家委員会，各国政府，NGO からの報告書の検討と分析から始まった。概して，これらの報告書は2つのカテゴリーに分類される。報告書を作成する特定の組織や団体の性格や関心に応じて，紛争の全体像を示すものか，紛争の特定の特徴を扱ったものである。しかしこれらの報告書は，起訴のために法的に十分な事案を立証するという，より厳格なプロセスとは対照的に，意思決定者が属する特定集団に対しその集団の行動に影響を与えるために，現地で起きたことの歴史的記録を残すという観点から作成されたものであった[14]」

　もう一つの例は，諜報機関の仕事に関するもので，それら機関の主目的も戦争犯罪捜査とは異なる。諜報機関によって提供される情報はきわめて選別されたものであったり，最悪の場合，特定の政治的目的を達成するために操作されたりすることがある。

　こうした問題を最小化するためには，国際検察官が，情報提供者それぞれの関心とバイアスを常に認識し，複数の情報源を開拓することによって，特定の情報提供者が捜査に影響を及ぼすことを排除することが必要である。

　認知バイアスの第2のレベルは，捜査官，通訳，証言者の間にある多くの文化的，言語的違いに由来するバイアスである[15]。例えば，ある文化では，（日本等とは異なり）伝聞は必ずしも一次的目撃証言と区別されない[16]。

　例えば，「どのような犯罪を目撃したか」という質問に対して，ある証人は，家族や信頼できる友人から聞いた伝聞情報を含めることがある。伝聞があたかも本人が直接目撃したかのごとく，一人称で話されることがある。これは文化的なものに由来するものであるが，捜査官はこの点を十分に理解し，証人に質問する際に，個人的に見たことと他の人から聞いたことを区別するよう要求す

（14）　Keegan, *supra* note 2, pp. 119-127.
（15）　Raymond MacGrath, "Problems of Investigation into War Crimes and Crimes Against Humanity During and After Ethnic Conflicts," in M Cherif Bassiouni (ed), *Post Conflict Justice* (Transnational Publishers, 2003), pp. 893-909.
（16）　文化的慣習に由来する伝聞と直接目撃証言の混同に関して *Prosecutor v. Jean-Paul Akayesu*, Trial Judgement, ICTR-96-4-T, 2 September 1998, paras.155-156.

る必要がある。この点において，通常，通訳を介して行われる証人と検察官の意思疎通の重要性はいくら強調してもしすぎることはない。

Ⅳ　ウクライナ戦争における戦争犯罪捜査

1　JIT（合同捜査チーム）の設立

2022年 2 月24日に始まったロシア・ウクライナ戦争は，その過程で現在まで多くの戦争犯罪が行われているという非難が高まっている。ロシア側による行為とされる「ブチャの虐殺」や「イジューム集団墓地」などの暴行行為は，国際社会全体の関心を引く重大な国際犯罪（中核犯罪）とみなされており，国際刑事裁判所（ICC）を含む複数の捜査機関が，事実調査および戦争犯罪捜査を行っている。

　現在，戦争犯罪捜査を行っている主体の中で特に注目に値するのは，欧州連合（EU）によって設立された合同捜査チーム（Joint Investigation Team 以下 JIT）である。

　JIT 設立の経緯は以下の通りである。2022年 3 月25日，EU 加盟国であるリトアニアとポーランド，そして EU 非加盟国であるウクライナとの間に協定が結ばれ，ロシア・ウクライナの戦争犯罪を捜査する JIT が EU の枠組みの中で設立された。後にエストニア，ラトビア，スロバキア，ルーマニアが加わり JIT は 7 か国により構成されることとなった[17]。アメリカも JIT との間で覚書を交わし捜査協力をすることとなった。JIT の活動を具体的に担保するのは EU の司法共助機関であるユーロジャスト（Eurojust ；オランダ・ハーグに本部）である。

　2022年 4 月25日には ICC 検察局が JIT への参加を表明し両者の間で協力のための覚書が交わされた[18]。第三者機関である JIT による捜査に ICC 検察局が

（17）　Eurojust press release 'Estonia, Latvia and Slovakia become members of joint investigation team on alleged core international crimes in Ukraine, 31 March 2023 at https://www.eurojust.europa.eu/news/estonia-latvia-and-slovakia-become-members-joint-investigation-team-alleged-core-international（as of 25 January 2024）.

（18）　Press release, 'ICC participates in joint investigation team supported by Eurojust on alleged core international crimes in Ukraine', 25 April 2023 at https://www.eurojust.europa.eu/news/icc-participates-joint-investigation-team-supported-eurojust-alleged-core-international-crimes（as of on 25 January 2024）.

参加するのはこれまでに例がなく，また JIT にとっても，これまで JIT が設立された過去の事例に照らし合わせて，紛争が現在進行形で継続しているロシア・ウクライナ戦争という文脈の中で戦争犯罪捜査を開始するという初めての機会となった。

　JIT への参加にあたり ICC 検察局のカリム・カーンは，ICC 検察局と JIT との協力関係の双方向性を強調した。その主眼は，ICC 検察局が JIT が収集した情報・証拠を一方的に受理するようにするのではなく，ICC 検察局自らが収集した証拠に関してもこれを JIT 加盟国と共有するようにし，もって各国の国内における戦争犯罪裁判に資するようにすることである。これは近時 ICC 検察局によって提唱されている「積極的補完性」の原則に基づくものであり，実際に ICC 検察局は，2022年 5 月17日にはウクライナに捜査官を送りウクライナ国内における戦争犯罪捜査への協力を開始している[19]。

　では，JIT が EU 機関である Eurojust による支援を受けるメリットはどこにあるのか？　以下の 3 点が指摘できる。

　第一に，EU 加盟国間の司法共助機関である Eurojust が持つ調整機能があげられる。過去に設立された JIT は 2 か国によるものであり，ウクライナ JIT のように 7 か国（プラス ICC 検察局）が参加するのは前例がない。Eurojust による呼びかけにより JIT 捜査に参加する関係者が一堂に会し，捜査官同士が直接コミュニケーションをとる場が与えられることは非常に重要である。2022年 3 月の JIT 設立以来これまで少なくとも19回の JIT 調整会議が Eurojust によって開催されている。

　第二に，Eurojust は JIT 捜査官が犯行現場において実施する物的証拠（例えば集団墓地の発掘作業）や押収書類の保全，証言の記録，分析，保管という捜査に伴う一連の作業を集約するプラットフォームとして機能する。

　第三に，Eurojust を通して EU の予算がつき捜査官や各種専門家の現地への派遣や，押収証拠の国境を越えた移送，通訳・翻訳サービス等に要する経費がカバーされる。

（19）　積極的補完性に関し William W. Burke-White, "Proactive Complementarity: The International Criminal Court and National Courts in the Rome System of International Justice," *Harvard International Law Journal* Vol. 53（2008），pp. 53-108; Mohamed El Zeidy, *The Principle of Complementarity in International Criminal Law: Origin, Development and Practice*（Brill, 2008）．

　先に述べたように，現在ウクライナにおいては複数の主体が戦争犯罪捜査を行っている。JIT を通じて各国が捜査協力することにより，収集証拠の重複や，過剰な証拠収集の防止，また同一の証人を異なる捜査機関が何度も聴取することによる証人の二次的トラウマの発生予防等のメリットがあることが指摘されている。

2　JIT の潜在的問題点

　このように実務上種々のメリットが期待される JIT であるが，懸念される点も指摘されている。

　一つは捜査の中立性に関するものである。JIT にはロシア・ウクライナ戦争の当事国の一つであるウクライナが参加する一方，ロシアは参加していない。JIT にはウクライナのロシア占領地域に対するアクセスはなく，証拠の収集が限定的なものとなり，結果的に紛争当事者の一方のみを捜査対象とする危険性は看過できない。ICC 検察局は，独自の権限で捜査を行うが，JIT 捜査へ参加しているという事実が，外部から見て，ICC 検察局による捜査の中立性にマイナスの印象を与えているという指摘は無視できない[20]。

　次に，JIT が EU からの財政支援を受けている点に関し，捜査の独立性の観点から疑問を投げかける向きがある。今次のロシア・ウクライナ戦争に際し EU は政策的には明白にウクライナを支持する立場をとっており，この政策的な立場が JIT の捜査対象の選抜，捜査戦略に及ぼす影響を懸念する声が上がっている[21]。ICC にとっては検察官の独立性の確保は至上命題であり，捜査に対して特定の資金源の協力を得ることが，同機関の独立性および信頼性を損なう結果となっていないか，慎重に考慮する必要がある。この点に関し，ICC 検察局が JIT 捜査に「参加（participate）」しているものの JIT 捜査の正式な構成員

---

(20)　この点に関し Kai Ambos, "Ukrainian Prosecution of ICC Statute Crimes: Fair, Independent and Impartial?" at https://www.ejiltalk.org/ukrainian-prosecution-of-icc-statute-crimes-fair-independent-and-impartial/; Michele Caianiello, "The Role of the EU in the Investigation of Serious International Crimes Committed in Ukraine. Towards a New Model of Cooperation?" in *European Journal of Crime, Criminal Law and Criminal Justice*, Vol. 30（2022）, pp. 219–237.

(21)　Suhong Yang and Yudan Tan, "The Joint Investigation Team in Ukraine: Challenges and Opportunities for the International Criminal Court," in Charlotte Beauchillon, et al. (eds.), *The Russian War Against Ukraine and the Law of the European Union*（European Papers Vol. 8, 2023）pp. 1121–1124.

（member）でないこと，そして ICC 検察局が JIT 捜査とは別に独自の捜査を同時に行っている点は注目に値する。

お わ り に

　本章では，戦争犯罪捜査の過程と，それを形作るさまざまな要因について検討した。国際検察官の中核業務が後日法廷で通用する事件の立件にあるとすれば，適正な戦争犯罪捜査はそのために不可欠なものである。

　戦争犯罪捜査には，通常の国内犯罪捜査と共通するところがあるものの，国内犯罪捜査の手法をそのまま戦争犯罪捜査に当てはめようとすることには危険が伴う。

　戦争犯罪捜査の特徴を明確にとらえた，独自の概念を構築することが不可欠である。国際検察官主導による戦争犯罪捜査を特徴づけるのは，何よりもまず，国際法の性質である。国際検察官は，基本的に合意的で強制力をもたない国際法の原則に基づいて活動することを余儀なくされる。

　戦争犯罪捜査の理論化は困難な作業である。それは，この問題に関する学術的および実務的資料が乏しいことが一因である。しかしながら，今後も継続的に国際検察官による戦争犯罪捜査に関する資料を「発掘」し，様々な捜査実務を検討することを通してより普遍性の高い理論を構築していくことが求められる。

　〔付記〕　本章は筆者の個人的見解であり，現在および過去の勤務先の見解を代表するものではない。また本章は，『法学セミナー』825号（2023年10月）に掲載の拙稿に加筆したものである。

第３部　ウクライナにおける戦争犯罪裁判

第 7 章　戦況と国内手続きの特徴

保 井 健 呉

は じ め に

ロシアによる違法な侵略[1]の結果として，2022年2月24日から2023年12月までに1万名以上のウクライナの文民が殺害され，2万名近くが負傷している[2]。物的にも，2023年9月までに17万棟近くの住居が破壊されたか損傷を受けたほか，交通インフラでは18の空港と344の橋梁が攻撃を受け，また商業や工業セクターに大きな損害が生じている[3]。これらの戦争被害の中には，武力紛争を戦うためのルールである武力紛争法に違反した結果が含まれており，さらにその一部は戦争犯罪として国際刑事法の下で実行者個人の刑事責任が追及される。

戦争犯罪の責任は，ICC によるプーチン大統領らへの逮捕状の発布[4]が象徴するように国際法廷でも追及される一方で，国家の国内裁判所においても追

（1）　See, U.N. Doc. A/RES/ES-11/ 1, 2 March 2022.

（2）　OHCHR, *Ukraine: Protection of Civilians in Armed Conflict –November 2023*（OHCHR, 2023）, at https://ukraine.un.org/en/download/149990/254943（as of 29 December 2023）.

（3）　KSE Institute, "The Total Amount of Damage Caused to the Infrastructure of Ukraine Due to the War Reaches \$151.2 Billion -Estimate as of September 1, 2023," *Kyiv School of Economics*（2023）, at https://kse.ua/about-the-school/news/the-total-amount-of-damage-caused-to-the-infrastructure-of-ukraine-due-to-the-war-reaches-151-2-billion-estimate-as-of-september-1-2023/（as of 29 December 2023）. 物的損害についてはほかにも，2023年12月までに400以上の医療施設や1,000近くの教育施設が破壊されたか，または損害を受けている。OHCHR, *supra* note 2. さらに，2023年12月までにウクライナの334の文化拠点が損害を受けている。UNESCO, "Damaged Cultural Sites in Ukraine Verified by UNESCO," *UNESCO*（2023）, at https://www.unesco.org/en/articles/damaged-cultural-sites-ukraine-verified-unesco（as of 23 December 2023）.

（4）　ICC, "Situation in Ukraine: ICC Judges Issue Arrest Warrants against Vladimir Vladimirovich Putin and Maria Alekseyevna Lvova-Belova,"（ICC, 17 March 2023）, at https://www.icc-cpi.int/news/situation-ukraine-icc-judges-issue-arrest-warrants-against-vladimir-vladimirovich-putin-and（as of 29 December 2023）.

及される。こうした戦争犯罪責任の追及は，例えば文民条約の146条や147条などが規定するように，武力紛争法の遵守確保義務の一種として国家に実施が義務づけられている。実際，2023年12月11日の時点で，ウクライナは51件の戦争犯罪事件について，上級審の判決も含めると52件の判決を下している。

　これらを背景に，本章ではロシア・ウクライナ戦争におけるロシアによる戦争犯罪を処罰するウクライナの国内手続きについて，その概要と特徴を確認する。なお，確認に先立ち，その背景となるロシア・ウクライナ戦争の戦況の推移及びロシアによる武力紛争法の違反の特徴と，ウクライナの刑事法システムにおける戦争犯罪処罰の仕組みを確認する。その上で，これまでの戦争犯罪に関するウクライナの国内裁判所の判決を概観し，その特徴を確認する。

I　戦況と武力紛争法違反の特徴

1　戦況の推移

　2022年 2 月24日以前から，ウクライナは2014年のロシアと欧州連合の選択を巡るユーロ・マイダン革命に対抗したロシアによる武力介入を受け，その一部領域はロシアの占領下におかれた。このことから，2014年 3 月以降ロシア・ウクライナ間では武力紛争法の適用される国際的武力紛争が成立していた。

　2022年 2 月24日，ロシアはウクライナ領域への大規模な侵攻を開始した。この攻勢で，ロシアはキーウやハルキウの周辺まで肉薄したほか，北部チェルニーヒウ州の州都を包囲し，スーミ州の州都を占領した。しかし，ウクライナの反撃により，最終的にロシアは 4 月 7 日にはキーウ周辺部だけでなくチェルニーヒウ州やスーミ州を含む北部戦線全体から撤退した。文民の犠牲者の多くはこの時期に発生しており，侵攻開始から 4 月までに 1 万名以上の文民が死傷している[(5)]。

　北部戦線からの撤退にもかかわらず，2022年 7 月にかけて，ロシアは特に南部で多くの占領地を獲得したほか，東部でもハルキウの周辺やルハンスク州の大部分などの地域を新たに占領した。その後，突出部の空隙を埋める形でロシアは初期の攻勢で獲得した地域の周辺を制圧し，南部では 5 月にマリウーポリ

（ 5 ）　OHCHR, *supra* note 2. その後の文民の犠牲者数は2022年10月ごろまで毎月1,000名近くの死者数で推移した後，2023年12月までの毎月の死者数はその半数近くで推移している。

が陥落している。

　こうした状況に対して，ウクライナは 9 月に反撃を実施し，東部ではハルキウ周辺やイジュームが，南部ではドニプロ川西岸にあるヘルソンが解放された。ロシアはこれを受けて，10月10日以降ウクライナの都市やインフラへのミサイル・ドローン攻撃を激化させた。ウクライナの反撃は2023年 1 月頃まで継続したが，その後ロシアとウクライナは再度の膠着状態に陥り，東部ドネツィク州のバフムトを巡る市街戦が注目を集めた。

　6 月に入り，ウクライナは二度目の大規模な反撃を開始した。この攻勢は本章を執筆している12月の段階においても継続中であるが，2022年 9 月における攻勢ほどの成果をウクライナは挙げられていない。

2　ロシアによる武力紛争法の違反の特徴

　ウクライナの戦争犯罪処罰の背景にあるロシアによる武力紛争法の違反の概要を，敵対行為を規律するハーグ法と戦闘外にある者の保護を規定するジュネーヴ法[6]，軍事占領を規律する占領法，武力紛争法の遵守確保義務の 4 つの観点から確認する。

(1) ハーグ法

　ロシアによるハーグ法の違反は多数報告されているが，主なものとして，攻撃の状況や選択された攻撃目標及び攻撃の手段・方法から，1977年の第 1 追加議定書57条の規定するような攻撃の際の予防措置をとる義務の懈怠が指摘されている[7]。また，ロシアは戦闘の手段・方法の選択において，市街地へのクラスター弾や焼夷弾の使用に代表される無差別な戦闘の手段・方法を用いていることも報告されている[8]。さらに，病院や原子力発電所，文化財，文民たる住民の生存に不可欠な食糧などといった武力紛争法上の特別の保護対象に対する

（ 6 ）　ハーグ法とジュネーヴ法の区別については，黒﨑将広・坂元茂樹・西村弓・石垣友明・森肇志・真山全・酒井啓亘『防衛実務国際法』（弘文堂，2021年）320-321頁も参照。

（ 7 ）　U.N. Doc. A/HRC/52/62, 16 March 2023, paras. 40–43; OSCE, *Report on Violations and Abuses of International Humanitarian and Human Rights Law, War Crimes and Crimes Against Humanity –Committed in Ukraine since 24 February 2022*（OSCE, 2022）, pp. 28–29.

（ 8 ）　A/HRC/52/62, *ibid*, paras. 30–31, 34; ODIHR, *Second ODIHR Interim Report on Alleged Violations of International Humanitarian Law and International Human Rights Law in Ukraine*（ODIHR, 2022）, paras. 44–46, 49–53; OSCE, *Report on Violations and Abuses of International Humanitarian and Human Rights Law, War Crimes and Crimes Against Humanity –Committed in Ukraine（1 April –25 June 2022）*（OSCE, 2022）, pp. 48–53.

故意の攻撃を含む保護の侵害が報告されている[9]。

(2) ジュネーヴ法

(i) 文　民

ジュネーヴ法の違反について，占領地域の文民の即決処刑や移動中の文民への攻撃など，様々な文民への攻撃が報告されている[10]。違反の類型としては，殺人のほかにも拷問や虐待，性的暴行，脅迫，略奪などが報告されている[11]。こうした加害は主にウクライナ軍の支持者とみなされた者に対して行われ，占領直後における家屋の捜索活動において多発していた[12]。また，ロシアは占領が確立されて以後も占領地域のロシア化における「選別」の過程を通して，文民を不法に抑留し，拷問や虐待，性的暴行を加えている[13]。

(ii) 捕　虜

ロシアに捕らえられたウクライナの捕虜について，その殺害や拷問，虐待，性的暴行といった直接的な加害が広く報告されている[14]。捕虜の違法な取り扱いについてはほかにも，捕虜を不適切な環境に置いていることや捕虜の私有財産の略奪，捕虜からの違法な情報収集の実施，捕虜をメディアに露出させ公衆の好奇心に晒していることが報告されている[15]。

（9）　ODIHR, *Fourth Interim Report on Reported Violations of International Humanitarian Law and International Human Rights Law in Ukraine*（ODIHR, 2023）, para. 23; A/HRC/52/62, *supra* note 7, para. 45; ODIHR, *supra* note 8, paras. 54-55; OSCE, *supra* note 8, pp. 15-16, 42-46.

（10）　A/HRC/52/62, *supra* note 7, paras. 53-59; ODIHR, *supra* note 8, paras. 93-99; OHCHR, *Killing of Civilians: Summary Executions and Attacks on Individual Civilians in Kyiv, Chernihiv, and Sumy Regions in the Context of the Russian Federation's Armed Attack Against Ukraine*（OHCHR, 2022）, paras. 31-74; OSCE, *supra* note 8, pp. 27-28, 38-39.

（11）　ODIHR, *supra* note 8, paras. 105-122; A/HRC/52/62, *supra* note 7, para. 48.

（12）　A/HRC/52/62, *supra* note 7, paras. 50-51. 家屋の捜索の過程では，殺人の発生も報告されている。OHCHR, *supra* note 10, paras. 44-62.

（13）　OHCHR, *Report on the Human Rights Situation in Ukraine – 1 August to 30 November 2023*,（OHCHR, 2023）, paras. 48-54; A/HRC/52/62, *supra* note 7, para. 52, 60-67, 71-85; ODIHR, *supra* note 8, paras. 100-104, 133-135.

（14）　ODIHR, *supra* note 9, para. 33; OHCHR, *Report on the Treatment of Prisoners of War and Persons hors de combat in the Context of the Armed Attack by the Russian Federation against Ukraine –24 February 2022 to 23 February 2023*（OHCHR, 2023）, paras. 29-34, 58-81; ODIHR, *supra* note 8, paras. 157-160.

（15）　ODIHR, *supra* note 9, para. 33; OHCHR, *supra* note 14, paras. 35-37, 44-57; ODIHR, *supra* note 8, paras. 155, 162; ODIHR, *ODIHR Interim Report on Reported Violations of International Humanitarian Law and International Human Rights Law in Ukraine*（ODIHR, 2022）, para. 120, 123. さらに，ロシアは捕虜に認められた通信の権利の行使を認めていない。

(3) 占 領 法

占領法の違反については，ロシアによる統治の様式がハーグ陸戦規則43条や文民条約47条の規定する現状維持義務に違反していることが指摘されている[16]。その他の占領法の違反として，占領地域の公共財産が違法に押収されているほか，私有財産についても違法な押収や略奪が多数報告されている[17]。

占領地域住民の違法な取り扱いについては先述の文民への加害以外にも，子どもを含む住民のロシア領域への強制移送が報告されている[18]。さらに，ロシア占領地域住民はロシア軍へと違法に動員されているほか，占領地域の公務員であった者への勤務の強制などが行われている[19]。

(4) 遵守確保義務

ジュネーヴ諸条約やその追加議定書はそれぞれの 1 条において，条約上の義務の尊重とその確保を規定している。この義務には条約内容の周知義務が含まれるほか，国家は武力紛争法の違反が疑われる事態を調査し，違法な行為の実行者を処罰する義務を負っている。この義務の履行に関して，ロシアは違法行為の存在を基本的には否定し，実行者の処罰をほとんど行っていない[20]。

ODIHR, *supra* note 8 , para. 161.

(16)　OHCHR, *supra* note 13, paras. 38-42; A/HRC/52/62, *supra* note 7, paras. 90; ODIHR, *supra* note 8, paras. 56-60.

(17)　ODIHR, *supra* note 8, paras. 140-145; OSCE, *supra* note 8, pp. 29-30.

(18)　ODIHR, *supra* note 9, paras. 36-37; A/HRC/52/62, *supra* note 7, paras. 68-70, 95-102; OSCE, *supra* note 8, pp. 30-31. See also, OSCE, *Report on Violations and Abuses of International Humanitarian and Human Rights Law, War Crimes and Crimes Against Humanity, Related to the Forcible Transfer and/or Deportation of Ukrainian Children to the Russian Federation* (OSCE, 2023).

(19)　OHCHR, *supra* note 13, paras. 43-45; A/HRC/52/62, *supra* note 7, para. 93; ODIHR, *supra* note 8, paras. 64-68; OSCE, *supra* note 8, pp. 31-33.

(20)　OHCHR, *supra* note 13, para. 62. See, OHCHR, *supra* note 10, paras. 75-76, 83. なお，ロシア側でもウクライナによる戦争犯罪の処罰が行われている。本章の執筆時点で確認されているのは 1 件のみだが，ウクライナの軍隊の構成員であるアントン・チェレドニクが2022年 3 月にマリウーポリ近郊で 1 名の文民を殺害した事件について，2022年10月の公判では被告人には検察から17年が求刑された。続報がないためにこれ以上の詳細は不明である。TASS, "Russia Brings War Crime Charges against Ukrainian Officer," (TASS, 7 June 2022), at https://tass.com/politics/1461537 (as of 29 December 2023). See also, Maria Koroleva, "One Year on, How Russia is Starting to Try Ukrainians," (Justice Info, 27 July 2023), at https://www.justiceinfo.net/en/120070-one-year-on-how-russia-is-starting-try-ukrainians.html (as of 29 December 2023).

II　ウクライナによる戦争犯罪処罰の国内手続き

1　戦争犯罪処罰規定

ウクライナにおける戦争犯罪の処罰は，ウクライナ刑法438条[21]に基づいて行われる。同条は 1 項で，「捕虜又は文民の虐待，強制労働のための文民の追放，占領領域における国民的な文化財の略奪，国際文書により禁止される戦闘方法の使用，ウクライナ最高会議により批准された国際条約により規定されたその他の戦争の法規及び慣例の違反並びにそれらの行為を命じた者は， 8 年以上12年以下の拘禁刑に処する」ことを規定し， 2 項で，「前項の行為に故意殺人が伴う場合には，10年以上15年以下の拘禁刑又は終身刑に処する」ことを規定している。

この規定ぶりから明らかなように，ウクライナ刑法上，戦争犯罪は他の通常の刑法犯と区別されている。この戦争犯罪の内容について，438条 1 項は「捕虜又は文民の虐待，強制労働のための文民の追放，占領領域における国民的な文化財の略奪，国際文書により禁止される戦闘方法の使用」と具体的に述べているものの，これらは例示列挙であり，ICC 規程 8 条のような個別の戦争犯罪の類型を置いていない。つまり，ウクライナ刑法に基づく戦争犯罪の訴追においては，武力紛争法や国際刑事法の観点から，個人の刑事責任を生じさせる「戦争の法規及び慣例」があらためて特定されなければならない。

2　戦争犯罪処罰のための国内手続き

ウクライナの国内手続き上，戦争犯罪には被告人の在廷する通常の刑事手続き[22]だけでなく，欠席裁判の実施が認められている。ウクライナ刑事訴訟法297- 1 条は欠席裁判に先立つ特別裁判前手続きの対象となる犯罪の類型を規定しており，戦争犯罪もその中に含まれる。欠席裁判の要件は，対象犯罪が

（21）　ウクライナ刑法438条の翻訳は，ウクライナが国連に提出したウクライナ刑法の英訳を邦訳したものである。なお，英訳上の「rules of the warfare」（戦争法規）の文言は，ウクライナ語の原文では「законів та звичаїв війни」（戦争の法規慣例）と表記されている。したがって，ウクライナ刑法438条上適用される武力紛争法は，ウクライナが加盟した条約だけでなく，慣習国際法までをも対象にしていると解されなければならない。

（22）　See, Svitlana Oliynyk, "The Criminal Justice System of Ukraine," *Resource Material Series*, No. 92（UNAFEI, 2014）, pp. 100-115.

297-1 条に規定されていることに加えて，対象者が，「ウクライナ当局から逃れるために，ウクライナ被占領地またはウクライナ議会が侵略国として認定した国家に滞在する者」または，「国際指名手配された者」または「ウクライナ当局によって捕虜交換又は同様の取り扱いをうけた者」でなければならない[23]。

　欠席裁判自体はウクライナ刑事訴訟法323条が手続きを規定しており，検察官の要請に基づき被告人に発された召喚状が無視された場合に開廷される。同条は欠席裁判において弁護人の訴訟への参加が義務的であることも規定している[24]。欠席裁判の判決に対する控訴は通常の裁判手続きと同じであるため，第一審判決の日から 7 日以内に控訴が行われなければならない[25]。なお，ウクライナ刑事訴訟法400条 3 項の規定する「正当事由」がある場合，控訴期間の延長が認められる。

Ⅲ　ウクライナにおける戦争犯罪処罰

　本節では，これまでのウクライナによる戦争犯罪の処罰に関する52件の判決を概観し，その特徴を確認する[26]。なお，クリエフ＆チュディン事件とヤスニコフ＆マルコフ事件およびセメンチャテンコ事件の 3 件については，関係者が依然として被占領地に所在しているなどの理由から判決文が秘されており入手できなかったため，報道等の情報に基づいている。

1　戦争犯罪に関する裁判の実施に関する特徴
　ウクライナによる戦争犯罪処罰自体は，2022年 5 月23日のシシマリン事件判決以降，ウクライナ支配領域の機能している裁判所において継続的に行われて

---

(23)　欠席裁判の制度は，当初はウクライナ当局から国外に逃亡する者で，国際指名手配された者のみが対象であったが，2022年 7 月28日のウクライナ刑事訴訟法の改正を通して，その対象が被占領地及び「侵略国」の滞在者及び捕虜交換の対象者へと拡大された。

(24)　ウクライナ刑事訴訟法52条 2 項 8 号は特別裁判前手続きにおいても弁護士の参加が義務的であることを規定している。

(25)　ウクライナ刑事訴訟法395条 2 項 2 号。

(26)　検討に際して，判決は（Megumi Ochi, *Ukraine War Crimes Trial Database*, at https://al-kaline-lantana-adf.notion.site/Ukraine-War-Crimes-Trial-Database-66fada9c1e-9f416185ac180562814e86（as of 29 December 2023））から入手した英訳されたものを主に用いた。

きた⁽²⁷⁾。戦争犯罪の裁判が行われた裁判所はキーウ地方やチェルニーヒウ州といった北部に集中しており，東部ではハルキウ州やドニプロペトロウシク州，南部についてはザポリージャ州の裁判所にてごくわずかな事件のみが取り扱われている。また裁判の対象となる事件は，時間的にも2022年 2 月から 3 月の事件に集中している。

　訴追された事件の時間的傾向の背景には，2022年 4 月までに特に多くの文民が犠牲になっていることが挙げられるだろう。その他の理由としては，多くの裁判が欠席裁判であるために，通常の証拠収集に加えて容疑者の確定などの作業に時間がかかっていることも関係しているように思われる。例えば，2022年 3 月24日に行われた略奪及び脅迫に関する2023年 8 月30日のサディコフ事件判決では，被害者の証言に加えて被告人の所属部隊の犯罪発生時点での所在や被告人のインターネット上の個人情報などの様々な証拠を組み合わせて被告人の特定が行われていた。他方で，欠席裁判ではないハルキウ拷問事件では，2022年 9 月初旬の事件の判決が同年12月23日に下されており，用いられた主な証拠も被告人ら自身の証言であった。

2　事件の文脈に関する特徴

　戦況と関連する事件の文脈としては，51件の戦争犯罪の内，41件がロシア占領地域において生じた事件であり，前線及びウクライナの支配領域での事件は10件に過ぎなかった。この内，クリコフ事件とシチョトキン事件は同一の出来事を取り扱っているため⁽²⁸⁾，実際には 9 件の犯行が取り扱われたに過ぎない。

　こうした裁判の文脈の傾向を背景に，ウクライナ刑法438条の適用の際に言及される国際法も，占領地域に適用される文民条約第三編，特に第一部の条文が多数を占めている。ほかには，最低限の保障を規定する第 1 追加議定書の75条やジュネーヴ諸条約の重大な違反を規定する文民条約の147条が数多く言及されていた一方で，1949年のジュネーヴ諸条約の重大な違反を拡張する第 1 追加議定書の85条はシシマリン事件においてのみ言及されていた。

(27)　See, Bohdan Monich and Serhiy Bosak, "Despite the War, Ukraine's Courts Continue to Function," *New Eastern Europe*（2022）, at https://neweasterneurope.eu/2022/11/30/despite-the-war-ukraines-courts-continue-to-function/（as of 29 December 2023）.

(28)　これらの事件では，戦車による住居ビルへの同一の砲撃について，砲撃を命令した当該戦車の車長（シチョトキン事件）と砲撃を行った砲手（クリコフ事件）がそれぞれ別の事件として訴追されている。

(1) ハ ー グ 法

ハーグ法違反の戦争犯罪について，無差別攻撃が 1 件処罰されているほか，物への攻撃に関する事件は民用物への攻撃が 4 件，病院への攻撃を 1 件挙げることができる。前線及びウクライナ支配領域での人の殺害については，シシマリン事件が第 1 追加議定書の50条及び51条に言及し，ハーグ法違反の責任を追及している一方で，カルポフ事件及びクラスノヤルツェフ事件が，直接的には第 1 追加議定書75条に言及しているために，ジュネーヴ法違反の責任を追及しているように思われる。これらは犯罪実行地の性質が法の適用の決定的事由とならなかったことを示している。

ハーグ法違反の 7 件の犯罪の内， 4 件が前線での犯行であり， 2 件が後方のウクライナ支配領域への違法な攻撃， 1 件がロシア支配領域での犯行である。これらについて特筆すべき点は，RTPS ハルキウ空爆事件とクラスノヤルツェフ事件の 2 件で都市を爆撃したパイロットが訴追されているにもかかわらず，違法な目標への攻撃で訴追されたのは RTPS ハルキウ空爆事件のみである点であろう[29]。また，敵対行為と関連して，前線やウクライナ支配領域での戦争犯罪は，裁判された事件の全体からすると51件中の10件と比較的少数であるにもかかわらず，その内の 5 件が被告人在廷の下で行われており，欠席裁判ではない事件の割合が比較的多いことも特筆すべきであろう。

(2) ジュネーヴ法・占領法

ジュネーヴ法違反に関する戦争犯罪の多くがロシアの占領地域において行われている。また，先述した前線やウクライナ支配領域における 2 件の殺人事件がジュネーヴ法の下で裁かれている。特に占領地域での事件では被告人の個人的動機に基づく犯罪が散見される一方で，虐待や不法な抑留を伴う事件は情報収集のための軍事行動である家屋の捜索中に起きている場合も多く，個人的犯罪と組織的な犯罪の境目は必ずしも明白ではない。

また，占領地域に関しては2022年以前に行われた犯罪が訴追されていることも特徴的であり， 5 件の裁判が行われている。この内，拷問を伴う不法な抑留に関するティシェニン＆シャンバゾフ事件のみがジュネーヴ法違反の戦争犯罪であり，徴兵の実施が 2 件と占領軍への志願の宣伝，強制移送がそれぞれ 1 件ずつと，多くが占領法の違反による戦争犯罪であった[30]。

---

(29)　クラスノヤルツェフ事件では，乗機を撃墜されたパイロットが機体を脱出後，地上で遭遇した文民を殺害したことが訴追されている。

3　量刑の特徴

　戦争犯罪の量刑は事件の多くが故意殺人を伴っていないために，ウクライナ刑法438条 1 項が適用され， 8 年から12年の禁固刑が適用される。実際の量刑では，略奪のみの事件を含めて多くの事件で10年以上の拘禁刑が科されている。

　取りうる量刑の幅からすると重いように思われるこれらの量刑については，52件中28件の判決で，裁判所が刑の加重事由を認めていることもその理由として挙げられるだろう。刑の加重事由を限定列挙するウクライナ刑法67条の下で，戦争犯罪裁判では子どもや老人に対する犯罪や酩酊状態での犯罪のほか，事前謀議への加担やロシアの侵略に伴う戒厳令の状況の利用などが加重事由として認められている。こうした加重事由の内，特に事前謀議への加担は最も多く認められたものであるが[31]，事前謀議への加担が加重事由として認められた判決ではロシアによる侵略行為への加担を事前謀議への加担とみなしているようであり，武力紛争法の平等適用の観点からは疑問がある[32]。

4　刑の執行に関する特徴

　最後に，判決に基づく刑の執行の特徴として，裁判のほとんどが欠席裁判であるために，ほとんどの戦争犯罪人が実際には刑に服していないことが挙げられる。数少ない在廷で裁判を受けた者も，実際にはその多くが捕虜交換の対象となりロシアに送還されている。結果として，51件の犯罪で50人以上が裁かれているにも関わらず，実際に刑に服している者は 7 名に過ぎない。

　特に捕虜交換については，裁判手続き前に捕虜交換が行われ，送還された者も存在している。2023年10月26日に判決が下されたクラスノヤルツェフ事件において，被告人は公判前にロシアへと送還されたために欠席裁判が行われている[33]。

（30）　対して，2022年 2 月24日以降の事件に関する裁判では占領法違反に関する戦争犯罪は取り扱われていない。

（31）　18件の判決で事前謀議への加担が認められており，次点の戒厳令の状況の利用は 9 件の判決で加重事由として認められている。なお，シシマリン事件の上級審では第一審で認められた加重事由が否定されているが，これは刑事手続きにおいて加重事由が立証されていなかったことによる。

（32）　武力紛争法の平等適用については，黒﨑他『前掲書』（注 4 ）258頁，藤田久一『新版 国際人道法 再増補』（有信堂，2003年）33-50頁を参照。

（33）　Elsa Court, "Russian Pilot Sentenced in Absentia to 14 Years in Prison for Killing Civilian," *Kyiv Independent*（2023）, at https://kyivindependent.com/russian-pilot-sentenced-in-absentia-to-

お わ り に

　ロシアによる武力紛争法の違反が数多く報告されている中で，2023年11月の時点でウクライナは10万件近くの事件を捜査中である[34]。しかし，これまでに判決の下った事件が51件に過ぎないことが示すように，ウクライナによる戦争犯罪責任追及の試みはその端緒に就いたばかりであり，これからも多くの困難が予想される。今後も増え続けるであろう事件の数に対して裁判が追い付いていないこと以外にも，特にハーグ法の違反に関する戦争犯罪について，実行者やその意図の特定が困難であることから，その処罰はより困難であることをこれまでの判決の傾向は示している。

　最後に，ウクライナによる戦争犯罪処罰の実行は国際刑事法の国家実行として，武力紛争法の解釈や適用に関するいくつかの懸念を浮き彫りにしている。そうした懸念の一つは，Ⅲ3でも述べた侵略行為への参加を事前謀議への加担とする量刑の加重事由が認められている点で，武力行使そのものの合法性を考慮しない武力紛争法の平等適用が国際刑事法にも妥当するか，疑いを生じさせている[35]。

　ほかにも，ハーグ法上の攻撃の際の予防措置をとる義務についても懸念がある。ロシア・ウクライナ戦争において，ロシアによる攻撃の際の予防措置を取る義務の懈怠が広範に報告されている。しかし，ハーグ法違反の戦争犯罪処罰における一般的な問題として，過失の刑事責任を認めない国際刑事法の枠組みの下では，予防措置をとる義務を単に怠ったこと自体の刑事責任を問うことができない[36]。

14-years-in-prison-for-killing-civilian/（as of 29 December 2023）.

（34）　Kateryna Zakharchenko, "Ukraine Has Identified Over 180,000 War Criminals and Created Registry,"（Kiyv Post, 15 November 2023）, at https://www.kyivpost.com/post/24162（as of 29 December 2023）. このうち，450名の容疑者が特定され，291名に対して起訴状が作成されている。

（35）　こうした交戦者間の平等の問題について，ウクライナ側では対敵協力者の処罰，ロシア側ではウクライナ軍の特定の部隊の構成員の処罰なども問題であると言えるだろう。See, ODIHR, *supra* note 9 , para. 34; OHCHR, *supra* note 14, paras. 121–122.

（36）　See, William A. Schabas, *An Introduction to the International Criminal Court*（Cambridge University Press, 2001）, pp. 85–86. なお，上官責任は過失責任の一種と解される。*Ibid.,* pp. 83–85.

　これらを背景に，ウクライナの裁判所は，ボビキン＆イワノフ事件において間接射撃を行った BM-21多連装ロケット砲の砲手や運転手兼装填手に無差別攻撃の責任を認めた。当該判決においては被告人の目標や兵器の性質に対する知識から，被告人の無差別攻撃の意図が認められた一方で，攻撃の際の予防措置を取る義務を規定する第 1 追加議定書の57条への言及がほとんどなかった。このことは，国際刑事法の下での戦争犯罪処罰における攻撃の際の予防措置をとる義務の軽視をあらためて示している。故意の区別原則の違反と比較して違反の認定が容易であり，また武力紛争法違反の予防において実効性のある攻撃の際の予防措置をとる義務に関するこうした傾向は，戦争犯罪の判例がますます武力紛争法の解釈に利用されつつある今日において，望ましいものではないだろう。

　〔付記〕本章は，国際法学会2023年度研究大会公募パネルでの報告を元に加筆したものである。

第8章　国内刑法における戦争犯罪の性質と戦闘員特権

久 保 田 隆

は じ め に

　今次のロシア＝ウクライナ戦争においては，ウクライナ各地で住民や捕虜に対して無数の残虐行為が行われたことが明らかとなっている。ウクライナ最高検察庁（Prosecutor General's Office）のウェブサイト[1]では，侵略犯罪および戦争犯罪 ── より正確には，「戦争のプロパガンダ」の罪（ウクライナ刑法436条）[2]，「侵略戦争の計画，準備及び遂行」の罪（437条），「戦争の法規及び慣例の違反」の罪（438条）およびその他の罪 ── の認知件数が日々更新されており，2024年1月初旬現在で，これらを合計した認知件数は12万件を超える。そのうちのほとんど（約97％）を占めているのが，438条の「戦争の法規及び慣例の違反」の罪，すなわち，戦争犯罪である。ウクライナでこれまでに行われてきた戦争犯罪裁判[3]で適用されているのももっぱら同条であることから，ウクライナにおける戦争犯罪裁判に関する理解を深めるためには，戦争犯罪処罰規定としての同条の分析が必要不可欠である。

　そこで，以下では，まず，ウクライナ国内における戦争犯罪裁判で適用されている戦争犯罪処罰規定の特徴を浮き彫りにする（Ⅰ）。次に，ウクライナ刑法における戦争犯罪と通常犯罪の関係（Ⅱ）について，本書第4章にて詳述した戦闘員特権を「補助線」としながら考察する。そして最後に，ウクライナの戦争犯罪処罰規定およびその適用事例が日本の法制度に示唆するところを明らかにしてみたい（おわりに）。

（1）　Офіс Генерального прокурора（Office of the Prosecutor General），at https://www.gp.gov.ua/（as of 10 January 2024）.

（2）　以下，法律の名称を示さずに条文番号のみを表記した場合には，ウクライナ刑法のそれを指す。

（3）　巻末の付録1判例一覧を参照。

I　ウクライナ刑法における戦争犯罪処罰規定

　冒頭で述べたとおり，ウクライナ国内で現在行われている戦争犯罪裁判では，もっぱら同国刑法438条所定の「戦争の法規及び慣例の違反」の罪が適用されている。以下では，同条の規定ぶりから導かれるいくつかの特徴を素描する。

1　ウクライナ刑法各則第20章「平和，人類の安全及び国際的法秩序に対する罪」

　ウクライナの現行刑法（以下，「ウ刑法」と略記することがある）は，1991年のソビエト連邦からの独立後に諸外国の刑法をも参照しつつ起草され，2001年9月1日に施行されたものである[4]。ウクライナ刑法は，日本の刑法と同様，総則と各則の2部構成となっており，戦争犯罪の処罰規定である438条は，侵略戦争の計画・準備・遂行（437条）やジェノサイド（442条）などとともに，各則の第20章「平和，人類の安全及び国際的法秩序に対する罪」に規定されている。現行ウクライナ刑法には，人道に対する犯罪に関する規定がみられないが，2021年5月20日にウクライナ最高会議（議会）が採択した刑法・刑事訴訟法改正[5]により，人道に対する犯罪に関する442−1条が新設されることとなったが，2024年1月初旬の時点では，いまだ公布・施行されるには至っていないようである。

2　ウクライナ刑法438条「戦争の法規及び慣例の違反」

　ウクライナ刑法438条は，以下のとおり定める[6]。

（4）　ウクライナには，2001年刑法以前にも，1918年の独立後に制定された1922年刑法，ウクライナ・ソビエト社会主義共和国時代の1927年刑法および1960年刑法が存在した。ウクライナ刑法の歴史的沿革について詳しくは，Yevgen Streltsov, "Strafrecht", in Bernd Wieser *et al.* (eds.), *Einführung in das ukrainische Recht* (C.H.Beck, 2020), p. 247, pp. 247 et seq. を参照。

（5）　法案第2689号「国際人道法の規範の履行に関するウクライナ刑法及び刑事訴訟法の改正について」。ほかにも，類似の法案第7290号が提出されている。See, Oksana Kovalenko and Anhelina Sheremet, "Ukraine cannot investigate Russian crimes against humanity, because they are still not listed in the Criminal Code", (Babel, 22 September 2022), at https://babel.ua/en/news/84613-ukraine-cannot-investigate-russian-crimes-against-humanity-because-they-are-still-not-listed-in-the-criminal-code (as of 10 January 2024).

ウクライナ刑法438条　戦争の法規及び慣例の違反

1　捕虜又は文民の虐待，強制労働のための文民の追放，占領領域におけ
る国民的な文化財の略奪，国際文書により禁止される戦闘方法の使用，ウ
クライナ最高会議により批准された国際条約により規定されたその他の戦
争の法規及び慣例の違反並びにそれらの行為を命じた者は，8 年以上12年
以下の拘禁刑に処する。

2　前項の行為に故意殺人が伴う場合には，10年以上15年以下の拘禁刑又
は終身刑に処する。

このように，438条には 1 項と 2 項があり， 1 項には個別具体的な行為類型
と一般条項が規定されており， 2 項には，これらの行為に故意の殺人が伴う場
合に関する加重規定が置かれている。

1 項には，「捕虜又は文民の虐待」，「強制労働のための文民の追放」，および，
「占領領域における国民的な文化財の略奪」の 3 つの行為類型に加え，「国際文
書により禁止される戦闘方法の使用」，および，「ウクライナ最高会議により批
准された国際条約により規定されたその他の戦争の法規及び慣例の違反」とい
う，「国際文書」ないし「条約」を参照する一般条項（いわゆる白地刑罰規定）
がみられる[7]。ここでは，後者の一般条項を通じて参照可能な武力紛争法上の
規範の範囲が問題となる。

第一に，ウクライナ政府によるウ刑法の公式英語訳[8]では，438条の見出し
は「戦争の法規の違反」（Violation of rules of the warfare）と訳出されているが，
ウクライナ語の原文では，「戦争の法規及び慣例の違反」（Порушення законів та
звичаїв війни）と規定されていることが目を引く（圏点筆者）。このような原文
の文言は，同条が武力紛争法条約の規定のみならず慣習国際法上の規範の参照

（6）　ウクライナ刑法の条文の和訳については，巻末の付録 2 ウクライナ刑法翻訳も参照。

（7）　一例として，スイスでは，かつて軍刑法にウ刑法438条類似の一般条項（「武力紛争
事態における国際法の違反」の罪）が存在したが（スイス軍刑法旧109条），2001年10月
の国際刑事裁判所に関するローマ規程（ICC 規程）批准からおよそ 9 年後の2010年 6 月，
実体法に関する国内法整備が行われ，より詳細な戦争犯罪処罰規定（スイス刑法典264
条 b から264条 j および軍刑法110条から114条）が新設された。詳しくは，久保田隆
「スイスにおける国際刑事裁判所規程の国内法化 —— スイス刑法典・軍刑法二〇一〇年
改正を中心に」『法学政治学論究』99号（2013年）267頁，271頁，290-293頁を参照。

（8）　Criminal Code of Ukraine（Official translation），at https://zakon.rada.gov.ua/laws/show/
en/2341-14#Text（as of 10 January 2024）. 公刊物として出版されている英語訳として，Ok-
sana Korotiuk（ed.），*Criminal Code of Ukraine: Edition 2022*（OVK, 2022）もある。

をも可能にしていることを窺わせる[9]。その一方で，もっぱら慣習国際法に由来する違反行為については，438条 1 項所定の「国際文書により禁止される戦闘方法の使用」，および，「ウクライナ最高会議により批准された国際条約により規定されたその他の戦争の法規及び慣例の違反」にいう「国際文書」・「（ウクライナ最高会議により批准された）国際条約」という文言には該当せず，本条を適用することは認められない，と解釈することもできそうである。実際の裁判例の中には，ウクライナ領域内における略奪の責任が問われたザハロフ事件[10]のように，一部ではあるが，判文中に武力紛争法条約の条文が挙げられていないものも見受けられるため，罪刑法定主義（特に，ウ刑法 3 条 3 項の法律主義）との関係も含め，議論の余地がありうる。

　第二に，438条では，ジュネーヴ諸条約の「重大な違反行為」（grave breaches）や国際人道法の「著しい違反」（serious violations）ではなく，単に戦争の法規慣例の「違反」（violation）とされている点にも注意を要する。このような規定ぶりからは，438条が参照可能な規範は，慣習国際法上戦争犯罪を構成する武力紛争法の重大な違反行為および著しい違反に限定されない，との解釈も可能であるように思われる。もしそうであれば，（慣習）国際法上戦争犯罪としての可罰性を有さない行為を（戦争犯罪として）処罰することになるため，武力紛争法とウクライナの国内刑法との間で法的評価のギャップが生じることになる。

　なお，先に述べた2021年 5 月20日成立の刑法・刑事訴訟法改正には，人道に対する犯罪の規定のほか，より詳細な戦争犯罪処罰規定が含まれていることから[11]，同改正が施行された暁には，（少なくとも施行後に行われた行為については）この問題は解消されることが見込まれる。

II　戦争犯罪と通常犯罪の関係
—— 戦闘員特権による通常犯罪の成立・適用の否定

　以上に述べたウクライナ刑法438条の特徴を踏まえたうえで，以下では，国内刑法に基づく中核犯罪の訴追・処罰（いわゆる国際刑事法の間接実施）特有の

（9）　このような見解を示すものとして，Iryna Marchuk, "Domestic Accountability Efforts in Response to the Russia–Ukraine War: An Appraisal of the First War Crimes Trials in Ukraine", *Journal of International Criminal Justice*, Vol. 20（2022），p. 787, p. 799.

（10）　*Zakharov Case*, Shevchenkivskyi District Court of Kyiv, Case No. 761/14035/22, 3 August 2022.

（11）　Kovalenko and Sheremet, *supra* note 5 .

論点である，戦争犯罪と通常犯罪（普通犯罪）の関係について検討を行う。

　本書第 4 章Ⅲ「通常犯罪に基づく処罰の可能性」でも述べたように，国内刑法には，通常，殺人罪や傷害罪，監禁罪，不同意性交罪，強盗罪，建造物損壊罪，放火罪などの規定（通常犯罪ないし普通犯罪）が存在するため，ウクライナのように戦争犯罪の処罰規定（に相当するもの）を有する国においても，戦争犯罪とは別にこれら通常犯罪を適用して行為者を処罰することが考えられる。しかし，これまでのウクライナにおける戦争犯罪裁判に目を向けてみると，たとえば，第 1 の事件であるシシマリン事件[12]では，被告人による故意の殺人行為の責任が問われているが，ウ刑法115条の殺人罪は適用されておらず，もっぱら438条で処罰されている。また，先に触れた略奪に関するザハロフ事件[13]でも，185条の窃盗罪や186条の強盗罪などは適用されていない。これらの事件では，なぜ通常犯罪が適用されていないのであろうか。

1　戦争犯罪と通常犯罪の適用関係をめぐる見解の対立

　この問題は，一般化していえば，戦争犯罪と通常犯罪の適用関係の問題だといえる。本書第 4 章Ⅲにて述べたとおり，この問題については 2 つの見解がありうる。第 1 の見解は，武力紛争との関連性を有する加害行為については，通常犯罪の適用がひろく排除され，戦争犯罪の成否しか問題にならないというものである（以下，「通常犯罪適用排除説」とする）。この見解は，平時と戦時とでは適用される法体系が根本的に異なるのだ，ということを前提とするものである。

　第 2 の見解は，武力紛争との関連においても通常犯罪の適用が認められ，戦争犯罪と併せて成立しうるというものである（以下，「通常犯罪適用肯定説」とする）。もっとも，この見解に依拠した場合であっても，常に両罪の成立が認められるわけではなく，たとえば，戦争犯罪としての文民の殺害と通常犯罪としての殺人罪のように，罪数論上，通常犯罪の成立要件が戦争犯罪のそれに包摂されているような場合，すなわち，両者が一般法と特別法の関係に立つ場合（法条競合〔特別関係〕）には，通常犯罪の適用が排除される（「特別法は一般法を破る」原則）といったことや，罪数論上は両罪が同時に適用されうるが，検察

（12）　*Shishimarin Case*, Solomyanskyi District Court of Kyiv, Case No. 760/5257/22, 23 May 2022; *Shishimarin Case*, Kyiv Court of Appeal, Case No. 760/5257/22, 29 July 2022.

（13）　*Zakharov Case, supra* note 10.

官が通常犯罪を訴因から除外しているだけといったこともありうる。先のシシマリン事件[14] の判文には，管見の限り，この点に関する記載が見受けられないが，いずれにせよ，戦争犯罪と通常犯罪としての殺人罪の適用関係に関する限りにおいては，ウ刑法438条には故意の殺人行為を伴う場合に刑を加重する2項の規定が存在するため，戦争犯罪に加えて別途殺人罪の適用をも認める実益は乏しいと思われる[15]。

2　武力紛争法上の評価に応じた整理

ウクライナ刑法による戦争犯罪処罰に関する理解をさらに深めるために，ここで，本書第4章Ⅲにならって，武力紛争との関連性を有する加害行為を3つのカテゴリに分類する。

まず，武力紛争法上，戦争犯罪として可罰的な行為（以下，A・戦争犯罪該当行為）については，国内刑法の戦争犯罪処罰規定に加え，先に述べた通常犯罪適用肯定説をとる場合には，通常犯罪の成否も問題となる。

次に，B・武力紛争法の違反にはあたるが，戦争犯罪としての可罰性は有さない行為が存在する（以下，B・武力紛争法のその他の違反）。この場合，国内刑法の戦争犯罪の規定ぶり，および，通常犯罪の適用の有無に関する立場に応じて，戦争犯罪・通常犯罪の双方，戦争犯罪のみ，通常犯罪のみ，いずれも適用なし（よって不可罰）という4つのパターンがありうる。

最後に，武力紛争法上禁止されていない加害行為（以下，C・武力紛争法上適法な行為）については，戦争犯罪が成立しないのはもちろんのこと，通常犯罪についても，本書第4章Ⅱ1⑴で述べた，免責特権（国内訴追免除特権）としての戦闘員特権（combatant's privilege）に基づき，通常犯罪での処罰が妨げられることとなる。したがって，ロシア兵がウクライナ兵を武力紛争法上適法な手段・方法で殺害した場合には，武力紛争法の違反は認められないため，ウ刑法115条を適用して殺人罪で処罰することも認められないのである（現に，ウクライナによる戦争犯罪裁判の中に，そのような例は見受けられない）。

（14）　*Shishimarin Case*（*Trial*）, *supra* note 12; *Shishimarin Case*（*Appeal*）, *supra* note 12.

（15）　なお，これに関連する論点として，ウクライナ刑法に人道に対する犯罪の規定が新設された暁には，同罪に該当する行為に通常犯罪を併せて適用するのか，という問題が新たに生じうる。

3　ウクライナ刑法の場合

　以上の検討を踏まえた上で，ウクライナ刑法に基づく戦争犯罪（および通常犯罪）の適用範囲を整理すると，以下の表のようになる。

	A. 戦争犯罪該当行為	B. 武力紛争法のその他の違反	C. 武力紛争法上適法な行為
①通常犯罪 　適用排除説	438 条成立	438 条成立（？） （または不可罰）	不可罰
②通常犯罪 　適用肯定説	438 条成立 （＋通常犯罪？）	438 条成立（？） （＋通常犯罪？）	不可罰 （ないし不処罰）

　この中で特に判断が難しいと思われるのが，B・武力紛争法のその他の違反の項目である。ウ刑法438条の場合，先述のとおり，1項に「国際文書により禁止される戦闘方法の使用」，および，「〔…〕その他の戦争の法規及び慣例の違反」という一般条項があり，特に後者には，単に戦争の法規慣例の「違反」としか規定されていないため，A・戦争犯罪該当行為に分類される行為のように，慣習国際法上戦争犯罪としての可罰性を有する「重大な違反行為」や「著しい違反」にあたるものに限定せず，戦争犯罪にはあたらない武力紛争法の違反をも処罰する余地があるようにも読める。したがって，少なくとも明文規定上は，B・武力紛争法のその他の違反にも438条を適用して，（いわば「準戦争犯罪」として）処罰することも可能であるようにも思われるのである。

　仮に，B・武力紛争法のその他の違反については438条を適用できないとした場合に，殺人罪等の通常犯罪（普通犯罪）を適用することは可能であろうか。先に述べた通常犯罪適用肯定説をとった場合には，武力紛争法上の違法性に基づいて戦闘員特権の効果を否定し，通常犯罪で処罰する余地がある[16]。

　このように，ウクライナ刑法においても，解釈上，通常犯罪適用排除説・適用肯定説のいずれの立場を採用するかに応じて，通常犯罪に基づく処罰の可否に違いが生じうるほか，438条の処罰範囲を慣習国際法上戦争犯罪として可罰的な行為に限定するか否かに応じて，B・武力紛争法のその他の違反を処罰できるか否かが左右されることになる。

（16）　このような見解に対する疑問として，本書第4章・注18を参照。

お わ り に

　本章を締めくくるにあたり，以上の議論が中核犯罪の訴追・処罰に関する現在の日本の法制度に示唆する点を考えてみたい。

　今般のロシア＝ウクライナ戦争を受け，日本国内においても，中核犯罪の国内法化を求める声が再び聞かれるようになった。本書第 4 章Ⅲでも述べたとおり，日本の現行刑法には，中核犯罪を中核犯罪として定めた処罰規定がほとんど存在しない。そのため，たとえば，国民的集団や民族的集団といった一定の集団を保護することにその本質が見出されるジェノサイドを，個人的法益に対する罪の一種である殺人罪で処罰したり，戦争犯罪（または人道に対する犯罪）としての性的奴隷化の罪を刑法の性的自由に対する罪（同法176条以下）や労働基準法違反の罪（同法117条）などで処罰したり，といったように，中核犯罪固有の不法内容を必ずしも反映しているとはいいがたい形での対応しか図れないのである。このような批判に対しては，現行刑法によって十分に対応可能であるといった反論や，そもそも立法事実がない，つまり，日本国内で中核犯罪にあたるような行為が発生することは想定され得ないといった反論 —— 2007年に日本が国際刑事裁判所に関するローマ規程（ICC 規程）に加入し，ICC への加盟を果たした際，日本政府はまさにこれらの理由から中核犯罪の国内法化を見送ったのであった —— がなされうる。しかしながら，現在の日本のように自国領域内に武力紛争の火種を抱えていない国にとって，中核犯罪の処罰規定は，属地主義に基づいて自国で発生した事件に適用するためのものというよりは，むしろ，世界主義（普遍的管轄権）または純代理処罰主義に基づいて，国外で発生した外国人による外国人に対する犯罪行為にも適用できるようにしておくことで，国際的な中核犯罪の訴追・処罰ネットワークへの貢献を果たすという意味合いのほうが強いものである。したがって，「立法事実」として国内での中核犯罪の発生可能性だけに目を向けるのでは不十分であるといわざるを得ない。現に，今般のウクライナ戦争においては，ドイツやフランス，ポーランド，カナダといった紛争当事国ではない第三国が自国の国内法に基づいて中核犯罪の捜査を進め，ウクライナ当局および ICC の捜査活動を支援し，あるいは自国で訴追しようとしている一方で，日本の刑事司法はほぼ何も貢献できていないことが指摘されている[(17)]。2022年 2 月24日のロシアによるウクライ

ナ侵攻の開始とともに，中核犯罪に関する日本の従来の立法政策を見直す時機が到来したと考えるべきではないだろうか。

では，日本が戦争犯罪の処罰規定を新たに設けるとすれば，どのような点が論点となりうるだろうか。

1 つには，立法論として，処罰範囲をどこまで確保するか，という問題がある。たしかに，日本の現行刑法（刑法典）にも 1 箇条だけ白地刑罰規定が存在するが（94条の中立命令違反罪），戦争犯罪の処罰規定としてそのような規定ぶりを採用することは，罪刑法定主義の派生原則のうち，特に慣習刑法の禁止や明確性の原則への抵触が問題となることが考えられる。そのため，やはり── まさに2021年にウクライナの立法者がそう決断したように ── 個々の行為類型を（限定）列挙することが立法論としては望ましいといえる。その際，基本的には，先の A・戦争犯罪該当行為だけを列挙することになろう。

いま 1 つは，通常犯罪（普通犯罪）の適用の有無とその範囲の問題である。具体的には，B・武力紛争法のその他の違反に通常犯罪が成立するのか否かを明らかにしておく必要がある。また，免責特権としての戦闘員特権の武力紛争法上の法的性質をめぐる議論をも見据えながら，戦闘員特権の国内刑法上の位置づけ[18]についても検討しておく必要がある。

これらの問題に一定の解を示すためには，国際法学・刑事法学双方の知見が必要である。ウクライナにおける戦争犯罪裁判は，戦争犯罪についてこれまで以上に分野横断的な議論を重ねる必要があることを示唆しているといえよう。

〔付記〕本章は，国際法学会2023年度研究大会公募パネルでの報告を元に加筆したものである。また本章は，JSPS 科研費　課題番号20K22049の研究成果の一部である。

（17）　この点について現役の日本人 ICC 判事（2024年 3 月11日，同所長に選出）が見解を示したものとして，赤根智子「国際刑事裁判所（ICC）で働く」『研修』900号（2023年）15頁，23頁，および，赤根智子＝フィリップ・オステン「対談　プーチンに逮捕状を出した日本人裁判官が問う　日本は『戦争犯罪』への備えはあるか」『中央公論』137巻10号（2023年）94頁，98-101頁を参照。
（18）　本書第 4 章・注20参照。

第 9 章　個人の刑事責任をめぐる諸問題

横 濱 和 弥

は じ め に

　本章では，ウクライナ戦争犯罪裁判で現れた，個人の刑事責任に関する諸問題を概観する。この作業を通じて，ウクライナ司法が，上記の諸問題につきいかなる法を適用し，それが国際基準との関係でいかなる意義を持つのか，素描してみることとしたい。この検討は，日本を含めて，中核犯罪の訴追・処罰を担いうる国々が，実務上いかなる問題に直面するのかにつき，示唆を与えてくれると期待される。

　国際法上の中核犯罪たる，戦争犯罪の関与者の責任を追及する際には，通常犯罪の場合とは異なる考慮を行うことが求められうる。たとえば，戦争犯罪は，軍隊等により，広範・組織的に遂行されることが少なくないところ，第 2 部第 5 章でみた通り，特に国際刑事裁判所（ICC）での訴追・処罰を見据える場合，犯罪を現場で直接実現するわけではない，組織上層の「指導者」の責任を適切に把握するための関与形態の検討が必要であった。他方，ウクライナ戦争犯罪裁判の被告人の多くは，現場の直接実行者たる兵士である。それゆえ，後者では，関与形態につき考慮すべき事項は，ICC の場合とは異なりうる。

　また，兵士が戦争犯罪を直接実現するとき，行為者が上官の命令に基づき，あるいは上官に強いられてこれを行うことも，少なくないと考えられる。ウクライナ戦争犯罪裁判でも，これらの事情が弁護側から主張された例がみられる。

　さらに，戦争犯罪の国内での処罰に際しては，量刑も注目される。ICC 等の国際刑事法廷の規程では，日本刑法のように，個々の犯罪類型ごとに法定刑の上限・下限が定められているわけではなく，全ての管轄犯罪に共通する刑の上限のみが定められるに過ぎない[(1)]。また，国際刑事法廷では，指導者の処罰が主な関心事となるため，そこで妥当する量刑枠組が，非指導者層の処罰に際して参考にしづらい可能性もある。その意味で，ウクライナ戦争犯罪裁判で示さ

れた量刑判断は，他国にとっても参考となりうる。

　以上の問題意識に基づき，本章は特に，犯罪の関与形態（Ⅰ），圧迫および上官命令の抗弁（Ⅱ），量刑（Ⅲ）に注目する。以下では，まず各トピックにつき，ウクライナ戦争犯罪裁判の内容を概観し，その上で，それらが従来の国際刑事法廷の基準等に照らして，いかなる意義を持つのかを検討する。最後に，本章の検討が，日本にいかなる示唆を与えうるかにつき，若干の言及を行うこととしたい（むすびに代えて）。

　なお，言語的な制約上，ウクライナ刑法の内容についての紹介は，最低限度のものとならざるを得ないことを，あらかじめお詫びしておく。また，本章では紙幅の関係上，欠席裁判の事案は扱わない。

Ⅰ　犯行への関与の形態

1　ウクライナ国内裁判

　冒頭でも述べた通り，ウクライナ戦争犯罪裁判では，現場兵士による犯罪の直接実行が訴追対象とされた例が多い。

図表：事件一覧（欠席裁判でないもの）

No.	事件名	訴追対象行為	関与形態 （条文はウクライナ刑法）	拘禁刑
①	シシマリン	文民（老年者）の殺害	1審は28条2項（事前共謀に基づく集団犯罪）、上訴審で否定（直接実行？）*	終身（第1審）15年（上訴審）
②	ボビキン・イヴァノフ	ロケット砲による無差別攻撃・民用物破壊	28条2項（事前共謀に基づく集団犯罪）	両名とも11年6月
③	ザハロフ	宝石類等の略奪	28条2項（事前共謀に基づく集団犯罪）	12年
④	クリコフ	戦車による住宅砲撃	28条2項（事前共謀に基づく集団犯罪）*	10年
⑤	フィラトフ	宝石類等の略奪	28条2項（事前共謀に基づく集団犯罪）*	8年6月

（1）　ICC規程77条1項では，終身または30年以下の拘禁刑を科すことができる旨が定められている。

⑥	ハルキウ拷問	4 名の行為者による、3 名の被害者の拷問・監禁等	28 条 2 項（事前共謀に基づく集団犯罪）	4 名とも 11 年
⑦	コテルヴァ略奪	宝石類等の略奪	28 条 1 項（事前共謀のない集団犯罪）	9 年
⑧	RTPS ハルキウ空爆	TV/ ラジオ局の空爆	28 条 2 項（事前共謀に基づく集団犯罪）	12 年
⑨	グレベニューク	文民の虐待等	記載なし（直接実行？）	12 年（別裁判の刑と合わせ 15 年）

＊①④⑤事件では、罰条中に 28 条 2 項の記載はないが、文脈に鑑みると、同項を適用したものと思われる。

　上記図表は，対面での裁判が実施された事件の一覧であり，このうち①③④⑤⑦⑧⑨は，犯罪の直接実行の事案である。たとえば，①は，被告人が，被害者（文民）を銃で殺害した事案である。④では，戦車の砲手であった被告人が，軍事目標ではない建造物を砲撃したことが認定された。⑧の被告人は，民用物の爆撃を行ったパイロットであった。⑨は，被告人が，文民を脅迫し，発砲して傷害を負わせるなどした事案である。さらに，③⑤⑦はいずれも，被告人が文民の財産を強取・略奪した事案であった。

　他方，直接実行にあたらないと評価しうる事案もある。たとえば，②ボビキン・イヴァノフ事件は，ロケット砲による無差別攻撃の事案であるところ，被告人の一方は運転手・装填手として，ロケット砲が装填された車両を戦闘配置に移動させるなどし，もう一方の者は砲手として，砲の照準設定を行うなどした[2]。両名はいずれも，最終的に引き金を引いた者ではない。また，⑥ハルキウ拷問事件は，4 名の被告人が，占領地区の治安維持のため，反テロ活動に参加していた被害者らを拉致・監禁し，脅迫しつつ尋問したなどの事案であるが，個々の被告人がいかなる具体的行為を担ったのか，判文上明らかではない[3]。

　もっとも，上記図表の「関与形態」の欄からも分かる通り，今般のウクライナ戦争犯罪裁判では，直接実行の有無を問わず，ウクライナ刑法（以下「ウ刑

（ 2 ）　*Bobykin and Ivanov Case*, Kotelevsky District Court of Poltava, Case No. 535/244/22, 31 May 2022, pp. 6, 8, 9.

（ 3 ）　*Kharkiv Torture Case*, Kotelevsky District Court of Poltava, Case No. 535/2922/22, 23 December 2022, pp. 7 *et seq*.

法」と略記することがある）28条2項が頻繁に適用されている。少し敷衍すると，ウ刑法27条には正犯・共犯に関する諸形態が定められ[4]，同28条には犯罪が集団的・組織的に行われた場合の定めがみられるところ，28条2項は，「事前共謀に基づく集団による犯罪の実行」という形態を定める[5]。また，事前共謀に基づく集団的な実行という事情は，67条1項2号により，処罰を加重する事由としても挙げられている。このように，ウクライナ刑法には，集団的な犯罪事象を特に捕捉するための関与形態が存在している（なお，①シシマリン事件では，上訴審で28条2項の適用が否定されたが，この点は後述Ⅲ1参照）。

2　国際刑事法廷の基準との対比

　第2部第5章でみた通り，ICC規程上の関与形態をめぐっては，第1次的な責任形態たる正犯（規程25条3項(a)：以下，単に「規程」というときはICC規程を指す）と，第2次的な共犯（同(b)以下）が区別され，前者には後者よりも類型的に高い不法が妥当する，との見解が有力である。そして，これらの規定を巡っては，犯罪を直接実行するわけではない，「指導者」の正犯責任をいかに問うかが，盛んに議論されてきた。

　他方，ウクライナ戦争犯罪裁判の各被告人のような，直接実行者またはそれに類する者については，ICC規程に照らしてみても，容易に刑事責任を肯定できる。犯罪の直接実行は，明らかに，規程25条3項(a)にいう「単独で」の犯罪実行にあたる。また，上記②事件は，厳密には直接実行の事案ではないかもしれないが，ロケット砲搭載車両の配備や照準設定をする行為は，実行行為の共同と評価しうる。この場合，幇助犯や集団犯罪への寄与（同(c), (d)）といった共犯形態にあたることはもとより，共同正犯（同(a)）も十分に成立しうる。

　以上の通り，関与形態に関する限り，ウクライナ刑法とICC規程との間で，

（4）　ウ刑法27条につき，Sophie Schürmann and Katherina Dovhal, "Grundlagen der rechtlichen Würdigung von Organisierter Kriminalität in Deutschland und der Ukraine", in: Dimitri Kessler and Hendrik Pekárek (eds.), *Strafrechtliche Reaktionen auf die Organisierte Kriminalität in Deutschland und der Ukraine* (Verlag Dr. Kovač, 2014), p. 15, pp. 18 *et seq.*
（5）　条文（抜粋）は次の通り。
　第28条　人の集団，事前の共謀に基づく人の集団，組織的集団又は犯罪組織による犯罪の実行
　2．犯罪を共に行うことをあらかじめ，すなわち犯罪の開始の前に共謀した複数（2人以上）の者により，犯罪が共同で行われたときは，犯罪は，事前の共謀に基づき人の集団により行われたものとする。

処罰可否につき大きな結論の差異はないかもしれない。ただし，ウクライナ刑法では，犯罪が集団的に行われたという事情を，罪責を重くする方向で評価できると見受けられる点が，特徴的である。

II　圧迫および命令に基づく犯罪

1　ウクライナ国内裁判

(1)　ウクライナ刑法の関連規定

　戦争犯罪が行われる際，軍隊の上官が部下にその実行を命じることがあり，この場合，部下の刑事責任を限定すべきか否かが問題となる。具体的には，❶上官が部下に対して，命令を遂行しないと殺す旨述べるなどして脅す場合や，❷部下が国際人道法について十分な知識を有さず，上官の命令の合法性を判断できない場合等が想定される。

　❶に関わる規定としては，ウ刑法39条（緊急避難）および同40条（身体的または心理的強制）がある。前者によれば，切迫した危険の阻止のためになされた法益侵害は，補充性・均衡性といった一定条件を満たす場合には，不可罰となる（39条1項）。後者では，自己の行動の統制が不可能となるような，直接的強制の下で行われた法益侵害は，不可罰とされる（40条1項）。また，脅迫・強制の存在という事情は，刑の減軽事由としても定められている（66条1項6号）。これらは，国際法の次元でいう圧迫（duress）や緊急避難（necessity）の抗弁に相当する。

　❷に関しては，ウ刑法41条があり[6]，そこでは，上官の命令に服従した場合

（6）　条文（抜粋）は次の通り。
　　第41条　命令又は指揮への服従
　　1．法的に保護される利益に対する危害を生じさせた作為又は不作為は，適法な命令又は指揮に従うためになされたときは，適法とする。
　　2．命令又は指揮は，その権限の範囲内で行動する適当な者により適切に発せられ，その内容において適用される法と矛盾せず，かつ，人間及び市民の憲法上の権利及び自由を害しないときは，適法とする。
　　3．明白に犯罪的な命令又は指揮に従った者は，当該命令又は指揮を遂行するためになされた行為について，一般的な事由に基づき刑事上の責任を負う。
　　4．命令又は指揮の犯罪的な性質を知らず，かつ知ることができなかったときは，当該命令又は指揮を遂行する過程でなされた行為についての刑事責任は，犯罪的な命令又は指揮を発した者についてのみ生じる。

に，一定条件下で，部下の行為を不可罰とする余地が認められている。具体的には，【1】適法な命令に基づく法益侵害行為は適法であること（1項・2項），【2】明白に犯罪的な命令に従った場合は犯罪が成立すること（4項），【3】命令の犯罪的性質を知らず，かつ知ることができなかった場合は，責任を問われないこと（5項）が定められている。これは，国際法の次元でいう上官命令（superior order）の抗弁に相当し，内容も後述の ICC 規程と類似している。

　(2) 具体的事例

　❶強制や❷命令という事情に着目して，犯罪の成立や量刑が争われた例は，いくつかみられる。❶の例として，②ボビキン・イヴァノフ事件では，被告人から，犯罪が上官からの強制下で行われたと主張されたが，裁判所は，当該事情の存在を証拠上認めなかった[7]。

　❷上官命令が主張された事件としては，④クリコフ事件がある。本件は，被告人が高層住宅を戦車で砲撃した事案であるが，被告人は，建造物裏に対戦車兵がいるとして司令官から砲撃命令を受けたなどと主張した。裁判所は，適法な命令のみが執行対象となり，ジュネーヴ諸条約上，民用物の攻撃は禁じられる旨を指摘した上で，被告人は敵兵を視認しておらず，また，本件建造物が民用物ではないかとの疑念を有していた旨を認定し，犯罪の成立を肯定した[8]。この判示は，被告人は【3】命令の違法性を認識可能であったという趣旨と見受けられる。

　①シシマリン事件でも，上官命令が主張された。事案は，被告人らが車両で移動中，電話中のウクライナ人文民と遭遇し，同乗者が，自身らの居場所がウクライナ軍に通報される懸念があるとして，被害者を射殺するよう被告人に迫り，これが実行されたというものである。第1審は，認定上，射殺を迫った者が被告人の直接の上官ではなく，被告人もこの者を知らなかったとの事実を前提に，【2】命令が明白に違法であったこと等に言及して，犯罪成立を肯定した[9]。他方で上訴審は，被告人が命令者を上官と認識していたとの認定を前提に，本件命令は文民の生命および健康を害し，戦争の法規慣例に対する著しい

（7）　*Bobykin and Ivanov Case*, *supra* note 2, pp. 13–14.

（8）　*Kulikov Case*, Desnianskyi District Court of Chernihiv, Case No. 750/2891/22, 8 August 2022, pp. 11–13, 17.

（9）　*Shishimarin Case*, Solomyanskyi District Court of Kyiv, Case No. 760/5257/22, 23 May 2022, pp. 9, 15. また，被告人が命令を拒否しても，被告人に不利な帰結は生じなかった等の言及もあり，これは，❶強制状況の不存在を示す判示とも読める。

違反であるから，【2】明白に違法であるとして，犯罪成立との結論を維持した[10]。

　以上の通り，強制や上官命令の抗弁は，容易には認められていない。

2　国際刑事法廷の基準との対比

　ICC 以前のアド・ホック法廷では，❶強制（圧迫）に基づく無辜の人々の殺害や，❷上官命令に基づく犯罪実行は，刑の減軽事由としては格別，完全な抗弁とは認められていなかった[11]。一方，ICC 規程では，条文上，これらの場合も犯罪成立が否定される余地がある。

　❶につき，規程31条 1 項(d)は，圧迫の抗弁を定めており，その成立要件は，次の 3 つとされる。すなわち，(i)行為が，切迫した死の脅威または継続的なもしくは切迫した重大な傷害の脅威に起因する圧迫に基づくこと，(ii)行為が，脅威を回避するためにやむを得ずかつ合理的に行われたこと，(iii)行為者が回避しようとする損害よりも大きな損害を引き起こす意図を有しないことである[12]。

　ICC の Ongwen 事件では，武装集団 LRA（神の抵抗軍）の旅団司令官であった被告人が，LRA による戦争犯罪・人道に対する犯罪につき訴追されたが，弁護側は，被告人が上官 Kony の圧迫下にあったと主張した。第 1 審裁判部は，(i)要件につき，脅威となる傷害が「十分にすぐに」（sufficiently soon）実現しそうにない場合は，要件は充足されないとした上で，本件では，被告人は Kony の命令に反対することもあったこと，命令に服従しなかった場合に死や重大な傷害を伴う処罰に直面する見込みはなかったこと[13] 等に言及し，その充足を否定した。上訴裁判部は，脅威が現在する，現実的なものである必要があり，害が生じる抽象的危険や，その一般的蓋然性が高まったことでは足りないと述べ，原判決の結論を是認した[14]。このように，(i)要件は，比較的厳格に解さ

（10）　*Shishimarin Case*, Kyiv Court of Appeal, Case No. 760/5257/22, 29 July 2022, p. 12.

（11）　❶につき *Prosecutor v. Erdemović*, IT-96-22-A, Appeals Chamber, 7 October 1997, para. 19，❷につき ICTY 規程 7 条 4 項参照。佐藤宏美『国際刑事法の複層構造』（有信堂高文社，2023年）83頁，89頁以下も参照。

（12）　*Prosecutor v. Ongwen*, ICC-02/04-01/15-1762-Red, Trial Chamber, 4 February 2021, paras. 2581-2584.

（13）　*Ibid.*, paras. 2582, 2668.

（14）　*Prosecutor v. Ongwen*, ICC-02/04-01/15-2022-Red, Appeals Chamber, 15 December 2022, paras. 1423, 1598. 紹介として，増田隆「児童兵出身の LRA 元司令官に対する初の上訴裁判部判決 ── オングウェン事件」『国際人権』34号（2023年）98頁以下。

れている。ウクライナ戦争犯罪裁判でも，圧迫・強制が認められた事案はないが，この抗弁は，落ち度のない被害者に対する攻撃をも正当化または免責する以上，その判断は慎重なものとなる。

　次に，❷上官命令をみると，規程33条 1 項によれば，次の 3 要件が充足される場合に，刑事責任が否定される。すなわち，ⓐ上官の命令に従う法的義務の存在，ⓑ命令の違法性の認識がないこと，ⓒ命令が明白に違法でなかったことである。このような，命令の違法性とその認識を軸とする設計は，ウ刑法と共通し[15]，前述の④クリコフ事件や①シシマリン事件でも，ⓑやⓒと同趣旨の要件に基づき，上官命令の成立が否定されていた。

III　量　刑

1　ウクライナ国内裁判

　ウ刑法65条 1 項は，刑罰が法定刑の範囲内で，犯罪の重大性の程度，有罪とされた者の性格，犯罪の方法・動機，害の性質・範囲のほか，法定の刑の減軽・加重事由を考慮して決せられる旨を示す。その上で，同66条 1 項は，法定の刑の減軽事由として，真摯な反省・犯罪解明のための積極的な協力（ 1 号），強制等の影響下で犯罪が行われたこと（ 6 号）等を挙げ，67条 1 項は，法定の加重事由として，事前共謀による集団犯罪（ 2 号），老年者等に対する犯罪（ 6 号），戒厳令状況の利用（11号）等を掲げる。

　本章の関心事である，戦争犯罪（ウ刑法438条）の法定刑は，原則として 8 年以上12年以下（ 1 項），故意殺人が伴う場合は終身または10年以上15年以下（ 2 項）の拘禁刑とされる。これを念頭に，前掲図表をみると，ウクライナ戦争犯罪裁判では，法定刑の上限付近の刑が言い渡された例が多い。特に，図表掲載事件のうち，⑨を除き，全ての被告人が有罪を認めていたことに鑑みると，比較的重い刑が言い渡される傾向にあるといえる[16]。

　目を引くのは，①シシマリン事件第 1 審で，終身刑が言い渡されたことである。同事件は殺人事案である一方，被害者は 1 名であり，被告人は（少なくとも部分的に）罪を認め[17]，遺族に謝罪するなどしており，やや厳しいとの評価

（15）　Iryna Marchuk, "Domestic Accountability Efforts in Response to the Russia-Ukraine War", *Journal of International Criminal Justice*, Vol. 20（2022）, p. 787, p. 795.

（16）　*Ibid.*, p. 794.

もありうる。上訴審では，刑は15年に減軽されたが，これは，原判決で考慮された，事前共謀による集団犯罪や，老年者への攻撃という加重事由が，起訴状に記載されていなかったため，考慮対象から除外されたことによるものであり[18]，原審の量刑判断自体が不当と考えられたからではない。

　他の事件では，法定の減軽事由（真摯な反省，犯罪解明のための積極的協力[19]），加重事由（事前共謀に基づく集団犯罪[20]，戒厳令状況の利用[21] 等）のそれぞれに言及がある。法定の事由以外の事情としては，複数の事件で，戦争犯罪が，人類の平和と安全および国際の法秩序に対する犯罪であることや，人類の平和的共存を危殆化する罪であることに，言及がなされている[22]。これは，戦争犯罪の重大性や，単なる国内法益の侵害に留まらないことに着目したものといえる[23]。

　なお，一部事件では，ロシアによる侵略行為という事情を，刑を重くする方向で考慮したかのような言い回しがみられる。たとえば，①シシマリン事件第 1 審では，「国際社会が，いかなる国家による侵略的行動および侵略戦争の実現をも強く非難する」ことが量刑の文脈で述べられた[24]。④クリコフ事件で

（17）　ただし，裁判所は，被告人が殺意を否定するなど，犯罪の状況を隠そうとしたこと等を指摘し，反省は真摯なものではないとした。*Shishimarin Case*（*Trial*），*supra* note 9, p. 18.

（18）　*Shishimarin Case*（*Appeal*），*supra* note 10, p. 14.

（19）　*Shishimarin Case*（*Trial*），*supra* note 9, p. 18; *Zakharov Case*, Shevchenkivskyi District Court of Kyiv, Case No. 761/14035/22, 3 August 2022, p. 4; *Kulikov Case*, *supra* note 8, p. 17; *Filatov Case*, Novozavodskyi District Court of Chernihiv, Case No. 751/2961/22, 31 August 2022, p. 13; *Kharkiv Torture Case*, *supra* note 3, pp. 15 *et seq*.; *Kotelva Pillage Case*, Kotelevsky District Court of Poltava, Case No. 535/2100/22, 26 December 2022, p. 4; *RTPS Kharkiv Air Bombing Case*, Dzerzhynsky District Court of Kharkiv, Case No. 638/1343/23, 2 March 2023, p. 4.

（20）　RTPS Kharkiv Air Bombing Case, *ibid*., p. 4. ただし，関与形態がウ刑法28条 2 項に基づく場合に，加重事由として，事前共謀に基づく集団犯罪という事情に言及されないこともある。また，*Zakharov Case*, *ibid*, p. 5 も参照。

（21）　*Kharkiv Torture Case*, *supra* note 3, p. 15.

（22）　*Shishimarin Case*（*Trial*），*supra* note 9, p. 19; *Kulikov Case*, *supra* note 8, pp. 17−18; *Filatov Case*, *supra* note 19, p. 13; *Grebeniuk Case*, Saksahanskyi District Court of Kryvyi Rih, Case No. 522/3868/23, 10 October 2023, pp. 22−23.

（23）　ウ刑法の戦争犯罪規定が，国際的な法秩序の保護にも向けられていることにつき，Yevgen Streltsov, "Strafrecht", in: Bernd Wieser *et al.*（eds.），*Einführung in das ukrainische Recht*（C.H.Beck, 2020），p. 247, p. 267.

（24）　*Shishimarin Case*（*Trial*），*supra* note 9, pp. 18−19.

は，被告人が，「自身が軍事集団の一員として，独立主権国家の領域に侵攻している
ことを理解していた」ことへの言及がみられる[25]。もっとも，侵略国
側の戦争犯罪を一律に重く評価することには，国際人道法の平等適用との関係
で，疑問がありうる。また，個々の兵士は，国家の侵略行為との関係では単な
る歯車に過ぎず，必ずしも，国家による侵略行為の不法を自ら担うわけではな
いことに鑑みても，侵略行為の存在を一律に戦争犯罪との関係で加重事由とす
ることには，疑問の余地がある[26]。

2　国際刑事法廷の基準との対比

本章執筆時点では，ICC で終身刑が言い渡された例はない。一方，旧ユーゴ
国際刑事裁判所（ICTY），ルワンダ国際刑事裁判所（ICTR），国際刑事裁判所
残余メカニズム（IRMCT）では，有罪確定人員合計約150名中，管見によれば
23名が終身刑とされたところ[27]，ジェノサイドの有罪が含まれないのは，
Galić と M. Lukić の 2 名のみである。それゆえ，シシマリンのように，戦争犯
罪としての 1 名の殺人で終身刑となる例は，稀といいうる。

シシマリンと同じ，殺人の直接実行の事案をみると，ICTY の Erdemović 事
件（70〜100名の殺害）では 5 年，また，Mrđa 事件（直接実行の数は不明だが，
約200名の殺害に関与）では17年の刑が言い渡された[28]。いずれも被害者が多数
にのぼるが，有罪答弁がなされ，さらに前者では圧迫の存在が認められたた
め[29]，終身刑とはされていない。以上に鑑みると，国内よりも，国際法廷で
処罰される場合の方が刑が軽いのではないか，との懸念もありえよう[30]。戦
争犯罪事案では，中核犯罪としての重大性を踏まえつつも，特に下級兵士の罪
責をいかに評価するかにつき，難しい判断が迫られる。

ただし，ウ刑法の戦争犯罪規定の法定刑は，比較法的には極端に厳格な部類

(25)　*Kulikov Case*, *supra* note 8, p. 17.

(26)　Marchuk, *supra* note 15, pp. 796-797 も参照。

(27)　ICTY の終身刑確定例として，Galić; M. Lukić; Beara; V. Popović; Tolimir。ICTR の確
定例として，Akayesu; Gacumbitsi; Hategekimana; Kambanda; Kamuhanda; Karemera;
Ngirumpatse; Karera; C. Kayishema; Musema; Ndindabahizi; Niyitegeka; Nzabonimana; Renza-
ho; Rutaganda; Seromba。IRMCT の確定例として，Karadžić; Mladić。

(28)　*Prosecutor v. Erdemović*, IT-96-22-T*bis*, Trial Chamber, 5 March 1998, para. 15; *Prosecutor
v. Mrđa*, IT-02-59-S, Trial Chamber, 31 March 2004, para. 28.

(29)　*Erdemović*, *ibid.*, para. 17.

(30)　Marchuk, *supra* note 15, p. 797.

というわけではない。たとえば，ドイツ国際刑法典は，戦争犯罪としての殺人に，終身刑のみを定める[31]。

<h1 style="text-align:center">むすびに代えて ── 日本への示唆</h1>

　最後に，ウクライナ戦争犯罪裁判が，日本にもたらす示唆について，若干ながら言及する。

　ウ刑法には，包括的な戦争犯罪規定がある。加えて，事前共謀に基づく集団犯罪，強制，上官命令および特有の量刑規定といった，中核犯罪の訴追・処罰に際して問題となりやすい規定が，既に存在していた。今般のウクライナ戦争犯罪裁判では，これらが十全に活用されている。ただし，少なくともウ刑法上，これらは中核犯罪に特化した規定ではなく，通常犯罪にも適用される規定であることには，注意を要する[32]。

　日本刑法には，戦争犯罪の規定は限定的にしか存在しないが，刑法上の通常犯罪や，「国際人道法の重大な違反行為の処罰に関する法律」により把握可能な範囲も少なくない。さらに，これらの罪の直接実行は勿論，複数人による関与行為も，多くは共同正犯や幇助犯等（刑法60条以下）として処罰可能といえる。それゆえ，現場兵士による犯罪の直接実行またはそれに類するケースについては，対応可能な領域が多いと考えられる。

　上官命令の抗弁につき，日本刑法に相当する規定はない。ただし，同抗弁の趣旨が，軍隊等の命令服従関係の下では，部下は基本的に命令の適法性を信頼してよいという点にあるとすれば[33]，違法性の錯誤の理論を援用しうる。日本では，違法性の錯誤は原則として故意を阻却しないが，公的機関等の見解を信頼して行動したことが相当といえる場合，違法性の意識の可能性がないとして，犯罪成立を否定する見解が有力である[34]。国際人道法の教育を受けた上官の命令が，明白に違法でない限りで，部下がその適法性を信頼したことが相当といえる場合はありえよう。また，国家公務員法98条1項や自衛隊法57条等に基づき，公務員や自衛隊員は，上司・上官の職務上の命令に従う義務を負う

----

(31)　ドイツ国際刑法典 8 条 1 項 1 号。

(32)　Marchuk, *supra* note 15, p. 795.

(33)　Elies Van Sliedregt, *Individual Criminal Responsibility in International Law*（Oxford University Press, 2012), p. 294.

(34)　井田良『講義刑法学・総論（第 2 版）』（有斐閣，2018年）413頁以下。

一方，命令に重大かつ明白な瑕疵がある場合，当該義務が否定される[35]。それゆえ，自衛隊員が，明白に戦争犯罪にあたる命令を遂行した場合，服従義務がないため刑事責任を免れない，との理解を採りうる。ただし，この論理は，日本の公務員以外の者には直ちに及ばない点には，留意する必要がある。

　圧迫の抗弁については，緊急避難や期待可能性の理論に基づく不処罰の余地がある。このうち，緊急避難（刑法37条）は，生命・身体等に対する「現在の危難を避けるため」になされた行為を，一定条件下で不処罰とする。もっとも，いわゆるオウム真理教集団リンチ殺人事件でみられたように，（無辜の）V を殺さなければお前を殺すと脅され，V を殺害した場合，緊急避難の成否の検討は，相当に厳格になる[36]。ただし，ウクライナ・ICC ともに，圧迫抗弁の適用の判断には慎重であったといえ，結論としては近いかもしれない。

　量刑についてみると，日本では，戦争犯罪としての殺人には殺人罪が適用可能であり，法定刑は，死刑または無期もしくは 5 年以上の懲役である[37]。そこでは，国際法廷やウクライナと同等以上の重い刑を科することが可能である一方，法律上の刑の減軽や酌量減軽を用いれば，1 度の減軽でも刑の執行を猶予することも可能となるため（刑法25条 1 項，27条の 2 第 1 項），ある程度柔軟な刑の選択が可能である。

　以上に鑑み，日本刑法は，中核犯罪の訴追・処罰に対して，ある程度の対応を行うことが可能といえる。ただし，中核犯罪が国内法化されていない点には批判もあることに加え[38]，上官命令をはじめ，立法があった方が明確性に資する領域もあると思われる。

〔付記〕本章は、国際法学会2023年度研究大会公募パネルでの報告を元に加筆したものである。また本章は、JSPS 科研費 課題番号22K13296の研究成果の一部である。

---

(35)　自衛隊法57条上の自衛隊員の服従義務につき，第189回国会参議院における安倍晋三首相（当時）の答弁を参照。参議院第189回国会答弁書第269号（平成27年 9 月11日），at https://www.sangiin.go.jp/japanese/joho1/kousei/syuisyo/189/touh/t189269.htm.

(36)　東京地判平成 8 年 6 月26日判時1578号39頁（過剰避難の成立のみが認められた）。なお，判例上，期待可能性の理論の採用にも，慎重な姿勢が示されている。井田『前掲書』（注34）423頁。

(37)　いわゆる組織的犯罪処罰法に基づく組織的殺人（同法 3 条 1 項 7 号）の場合，刑の下限は 6 年となる。

(38)　詳しくは，横濱和弥『国際刑法における上官責任とその国内法化』（慶應義塾大学出版会，2021年） 8 頁以下，235頁以下参照。

第4部　ウクライナ裁判所と国際的手続の関係

第10章　国際刑事裁判所における手続との関係

尾﨑久仁子

は じ め に

　ウクライナは国際刑事裁判所（ICC）規程の非締約国であるが，2014年4月及び2015年9月の2度にわたる宣言（後者はロシアによるクリミア半島併合を契機とするもの）によって，2013年11月22日以降にウクライナ領域内で行われた犯罪についてICCの管轄権を受諾した[1]。この受諾に基づき，ロシアによる武力行使開始直後の2022年2月28日に，ICCの検察官は職権による捜査の開始を決定し[2]，その後，3月2日に，EU諸国，英国，カナダ，オーストラリアなど39の締約国がウクライナにおける事態について付託を行い，検察官は同付託に基づいて，同月，捜査を開始した[3]。捜査の対象は，侵略犯罪を除くICCの対象犯罪（集団殺害犯罪，人道に対する犯罪及び戦争犯罪）であって，ウクライナの領域内において，または，ウクライナの国籍を有する者によって行われたものである。

　ICCは，この捜査において，ウクライナの捜査・訴追当局と密接な協力を行っている。また，ウクライナ当局に対しては，英，米及びEUが個別に，あるいは合同で捜査・訴追支援を行っているほか，EUROJUST傘下の合同捜査チーム（JIT）の設立など，国際組織による支援が行われている。ICCは，これ

（1）　ウクライナのICCに対する対応につき，Sergii Masol "Ukraine and the International Criminal Court," *Journal of International Criminal Justice,* Vol. 20, No. 1（2022），pp.167–190.

（2）　"Statement of ICC Prosecutor, Karim A.A. Khan QC, on the Situation in Ukraine"（ICC, 28 February 2022），at https://www.icc-cpi.int/news/statement-icc-prosecutor-karim-aa-khan-qc-situation-ukraine-i-have-decided-proceed-opening（as of 30 December 2023）.

（3）　ICC規程上，職権による捜査の開始には予審裁判部の許可が必要であるのに対し，締約国の付託がある場合には，直ちに捜査を開始することが可能である。"Statement of ICC Prosecutor, Karim A.A. Khan QC, on the Situation in Ukraine"（ICC, 2 March 2022），at https://www.icc-cpi.int/news/statement-icc-prosecutor-karim-aa-khan-qc-situation-ukraine-receipt-referrals-39-states（as of 30 December 2023）.

らの支援にも協力しており，ウクライナに対する広範な国際刑事司法協力ネットワークの一員となっている[4]。

　なお，ウクライナは，ICC への付託以外にも，ジェノサイド条約の適用に関して国際司法裁判所にロシアを提訴し[5]，また，欧州人権裁判所に対して（ウクライナ国籍を有する個人の訴えとは別に）国家として今回の武力行使においてロシアが行った大規模人権侵害についてロシアを提訴する[6] など，国際的な司法機関の活用を図ってきた。

　ICC 予審裁判部は，2023年 3 月17日，戦争犯罪である子供の追放及び移送（ICC 規程 8 条 2 項(a)(vii)及び同項(b)(viii)）の嫌疑で，プーチン大統領他 1 名に対して，逮捕状を発付した。これは 2 月22日に行われた検察官の逮捕状請求によるものであり，被害者及び証人の保護並びに捜査上の要請から，被疑者の氏名，罪名及び責任形態以外の詳細は公表されていない[7]。

I　国際刑事裁判と国内裁判

1　国際刑事法廷の管轄権

　多くのコア・クライム（集団殺害犯罪，人道に対する犯罪，戦争犯罪及び侵略犯罪などの国際法上の犯罪）は，国内刑法上の犯罪として国内裁判所においても訴追可能である。これらの犯罪に該当する行為のほとんどは（侵略犯罪を除き）被害者の生命，身体及び財産の侵害であるので，関係国は，コア・クライムに該当する行為をこれらの法益を侵害する一般刑法上の犯罪として処罰することも，国内刑法の規定に基づいて，国際社会全体の法益を侵害する国際犯罪とし

（4）　尾﨑久仁子「ウクライナの事態におけるコア・クライムの処罰と補完性の原則」『国際人権』34号（2023年）83頁。

（5）　Allegations of Genocide under the Convention on the Prevention and Punishment of the Crime of Genocide（Ukraine v. Russian Federation），Application instituting proceedings, 27 February 2022.

（6）　Press Release, Inter-State case Ukraine v. Russia（X）: Receipt of Completed Application form and Notification to Respondent State, ECHR 220, 28 June 2022.

（7）　"Situation in Ukraine: ICC judges issue arrest warrants against Vladimir Vladimirovich Putin and Maria Alekseyevna Lvova-Belova",（ICC, 17 March 2023）, at https://www.icc-cpi.int/news/situation-ukraine-icc-judges-issue-arrest-warrants-against-vladimir-vladimirovich-putin-and（as of 30 December 2023）. なお，本章脱稿後の2024年 3 月 5 日，2 名のロシア軍構成員に対して逮捕状が発付された。

て処罰することも可能である[8]。なお，ここでいう関係国の国内裁判所には，犯罪地国の裁判所のほか，犯人や被害者の国籍国，（これらの連結点を持たないまま国際犯罪として処罰する場合には）普遍管轄権を行使する第三国の裁判所も含まれる。

国際刑事法廷と関係国の国内裁判所との関係はさまざまである。国際刑事法廷の嚆矢であるニュルンベルク国際軍事法廷は主要連合国間の条約によって設立され同条約に規定する法を適用したが，ドイツの国内裁判所との関係では，占領国としてドイツの刑事管轄権を行使していたと考えられる[9]ので，これと同視される。

国連安全保障理事会（安保理）が国連憲章41条に基づいて設立した旧ユーゴ国際刑事裁判所（ICTY）及びルワンダ国際刑事裁判所（ICTR）は，安保理の憲章7章下の強制権限に基づく裁判所であった。この裁判所は領域国その他の関係国の国内裁判所に代わるものではないが，これらに優位し，適用される実体法は国際慣習法であった。

これに対し，ICCは，多数国間条約であるローマ規程（ICC規程）によって設立され，その管轄権の根拠は，ICC規程締約国による（一定の条件の下での）領域管轄権と対人管轄権の付与（譲渡するわけではない）であると考えられる（したがって，別様の管轄権規定を有する侵略犯罪を除き，ウクライナ領域内における非締約国国民であるロシア人の行為にも管轄権が及ぶ）[10]。また，適用される実体法は，ICC規程に規定される（締約国の合意に基づく）法であり，国際慣習法や締約国の国内刑法との関係は原則として断ち切られている。その例外は，安保理による事態の付託であり，この場合には，ICCの管轄権は憲章7章下の安保理権限を根拠として非締約国に及ぶ。しかし，この場合であっても，後述する補完性の原則が適用され，国内裁判所の管轄権が優先される。また，ICC規程はその前文においてコア・クライムを処罰する国家の責務を「想起」してい

（8）　尾﨑久仁子「国際刑事法における刑罰権の根拠」『法学新報』128巻10号（2021年）198-200頁。

（9）　Devika Hovel, "The Authority of Universal Jurisdiction", *The European Journal of International Law,* Vol. 29, No. 2（2018）, p. 427, p. 445. See also, Dapo Akande, "The Jurisdiction of the International Criminal Court over Nationals of Non-Parties: Legal Basis and Limits", *Journal of International Criminal Justice*, Vol. 1, No. 3（2003）, p. 618, p. 627.

（10）　Akande, *ibid*, pp. 621-625; Gennady M. Danilenko, "ICC Statute and Third States," in Antonio Cassese et al., （eds.）, *The Rome Statute of the International Criminal Court: A Commentary*, Vol II（Oxford University Press, 2002）, pp. 1874-1877.

るが，締約国に対して処罰を義務付けることはしていない。

　言い換えれば，ICC 規程は，国内裁判所との管轄権の並立を前提としつつ国家の刑罰権に対しては容喙しないことを原則としている。また，国内裁判所との管轄の競合から生じる問題は，ICTY や ICTR と異なり，国内裁判所を優先させるいわゆる補完性の原則（事件が国内捜査当局や裁判所において捜査・訴追されている場合には ICC は捜査・訴追を行わないという原則）によって処理される。

2　ICC の受理許容性と国内刑法

　ICC 規程は，このように，同じ事件，同じ被疑者に対して，ICC と 1 つの，あるいは，2 以上の国内裁判所が重複した管轄権を有することがあること，また，その場合に双方の裁判所において適用される実体法が異なることによって処罰の範囲に差異が生じ得ることを想定している。

　他方で，ICC の管轄権が締約国の付与に基づくという観点からは，このような差異は最小限であることが望ましい。また，補完性の原則は，第一次的には締約国の国内裁判所が ICC 規程上の犯罪の訴追を行うことを求める原則であるともいえる。

　ICC 規程締結に当たって，多くの国が，同規程に倣った国内刑罰法規を制定したのは，このような観点からであり，これによって，国内におけるコア・クライムの処罰と ICC における処罰の間に有機的な連携を持たせることが可能となる（例えば，国内裁判所による訴追を積極的に行うことによって ICC の負担を軽減することや，国内裁判所と ICC が適切な訴追分担を行うことが可能となる）。むろん，これは，条約上の義務ではなく，例えば，日本のように，コア・クライムに対しても保護法益の範囲が異なる既存の刑罰法規を適用することを前提としてあえて国内法整備を行わないことも可能である。

　ウクライナは ICC 規程の締約国ではないのでこれを前提とした刑罰法規は存在しないが，ハーグ陸戦条約などのほか，処罰義務規定を有するコア・クライム関係の条約として，ジェノサイド条約，ジュネーヴ諸条約及び第 1 追加議定書を締結し，その適用のための刑罰法規を有している。ウクライナの国内裁判と ICC における裁判の関係を検討するに当たっては，まず，双方の裁判所における実体法や手続の差異を検討する必要がある。このような差異は，受理許容性に関する ICC 規程17条の適用に当たって具体的に問題となることが多

く，関連する判例も同条に関するものがほとんどである。ウクライナのように ICC 対象犯罪について国内での捜査・訴追が行われている場合を含め，国内裁判所との関係で ICC がどの事件を扱うかについての選択は，受理許容性の判断によって行われるからである。

　ICC の受理許容性の基準として17条が規定するのは，補完性の原則と重大性である[11]。後者については，同条 1 項(d)は，「当該事件が裁判所による新たな措置を正当化する十分な重大性を有しない場合」に受理許容性を有さないと規定している。検察官は，例えば，コモロが付託した2010年のマヴィ・マルマラ号事件（ガザを支援するコモロ船籍船がイスラエル軍の攻撃を受けた事件）について同項の「重大性」が欠けると判断したが，予審裁判部はこれを斥けた[12]。ウクライナの事態については，個別の戦争犯罪についてはウクライナが積極的に訴追を行っており，また，後述するように，ウクライナと ICC 検察局との間には合意に基づく訴追分担が行われている可能性が高いことから，この要件が問題となる可能性は極めて低い。

Ⅱ　補完性の原則とウクライナの実体刑法

1　構 成 要 件

　補完性の原則の適用に当たってまず検討されるべきは，17条 1 項(a)及び(b)の「事件（the case）」の解釈である。同項(a)は，「当該事件がそれについての管轄権を有する国によって現に捜査され，又は訴追されている場合」に事件を受理しないが，「当該国にその捜査又は訴追を真に行う意思又は能力がない場合は，この限りでない」と規定する。ICC の判例上，「当該事件」の捜査・訴追とは，「同一の個人と実質的に（substantially）同一の行為」をカバーする捜査・訴追[13] である。したがって，ウクライナの場合には，ウクライナにおいて捜

（11）　これらの要件の他に，ICC 予審裁判部は，アフガニスタンの事態に関する検察官の捜査許可請求について，53条の「裁判の利益」を理由にこれを拒否したことがあるが，上訴裁判部はこの決定を覆した。*Situation in the Islamic Republic of Afghanistan*, ICC-02/17-138, Appeals Chamber, 5 March 2020.

（12）　*Situation on Registered Vessels of the Union of the Comoros, the Hellenic Republic and the Kingdom of Cambodia*, ICC-01/13-111, Pre-Trial Chamber I, 16 September 2020.

（13）　*Prosecutor v. Ruto and Sang*, ICC-01/09-01/11-307, Appeals Chamber, 30 August 2011, para.40.

査・訴追が行われている犯罪であっても，犯罪行為を行った者が同じでない場合や，ICC における公訴事実が当該行為よりも広い範囲をカバーする場合（例えば，兵士が文民の故意の殺害行為について国内裁判所に訴追されていた場合に，当該兵士の上官が当該兵士を含む複数の部下による組織的殺傷行為について ICC において上官としての刑事責任を問われる場合など）には ICC において訴追可能となる。

　過去には，同一の行為に対して ICC 規程とは異なる構成要件を持つ国内刑罰法規が適用された場合に，これが「当該事件」の捜査・訴追に該当するか否かが争われた例がある。上述の例でいえば，文民を故意に殺害した兵士が戦争犯罪ではなく国内刑法上の殺人罪で訴追された場合に，戦争犯罪と殺人罪の保護法益の範囲が異なることをもって ICC の受理許容性が肯定されるか否かという問題である。

　ICC 規程 7 条 1 項(h)の「迫害罪」が捜査対象となったアル・セヌーシ事件において，上訴裁判部は，ICC 規程は犯罪が国内的に国際犯罪として訴追されることを要求しておらず，同一の犯罪が捜査・訴追されているか否かは，対象となる行為によって判断されるべきであって，その法的性格にはよらないと判示した[14]。他方で，同裁判部は，リビアの訴追が，内戦，市民の政治的権利に対する攻撃，階級間の憎悪を煽る行為などを対象とするものであり，体制に反対する市民を被害者とする犯罪であることを考慮し，また，「迫害」罪が規定する原因に基づく差別が量刑で考慮され得ることに言及した。すなわち，リビアにおける訴追が，組織性や差別起因性などの ICC 規程上の迫害罪と同様の要素を考慮に入れたものであることを勘案しており，補完性の原則の適用に当たって，保護法益の一定の重なりを求めたものとも理解できる。

　ウクライナ刑法438条が規定する戦争犯罪は，ウクライナの締結した条約に規定された戦争法規違反であり，構成要件上は ICC 規程 8 条 2 項(a)及び(b)に列挙された戦争犯罪に概ね該当すると考えられる。いずれにしても，これまでにウクライナにおいて訴追された事件に関する限りは，この条文を適用してのロシア兵の訴追は，構成要件の観点からは，ICC における受理許容性を否定するものと考えられる。同条に加えていわゆる通常犯罪によって訴追されたとしても（適切な罪数処理が行われる限り）同様である。

---

　(14)　*Prosecutor v. Gaddafi*, ICC-01/11-01/11-565, Appeals Chamber, 24 July 2014, paras. 119–121.

　他方で，438条は国際的武力紛争に適用されるものであり，したがって，東部2州の戦闘員による犯罪には，同条ではなく他の刑罰法規が適用されるものと思われる。この場合において，仮にICCによる捜査・訴追が行われるとすれば，上述のアル・セヌーシ事件と同様の検討が行われることとなろう。

　集団殺害犯罪については，ウクライナ刑法442条はICC規程と同じ（ジェノサイド条約上の）構成要件を用いている。人道に対する犯罪については，これを新たに規定するウクライナ刑法の2021年改正法はあるものの未発効であるので，殺人や傷害などの普通犯罪に関する規定が適用されると考えられる。この場合にも，組織性や大規模性をどのように勘案するかを含め，上述のアル・セヌーシ事件と同様の検討を行う必要がある。

　なお，日本は，ジェノサイド条約は締結しておらず，日本の刑罰法規には人道に対する犯罪の概念も存在しないので，これらに該当する行為が行われた場合には，既存の刑罰法規が適用される限りにおいて，これらの法規に基づいて処罰されることになる[15]。また，日本が締結しているジュネーヴ諸条約及び第1追加議定書上の戦争犯罪については，平成16年の「国際人道法の重大な違反行為の処罰に関する法律」によって犯罪化された特定の戦争犯罪を除き，その捜査・訴追は，現在の刑法規定によって行われることとなる。

2　違法性，責任，及び共犯

　違法性，責任，共犯などの刑法総則については，各国の実体刑法はそれぞれの法体系に基づく精緻な法を発展させてきているため，国際的な平準化はもとより，共通する規則の抽出は容易ではない。したがって，ICC規程は，第3部の刑法の一般原則の中で違法性や責任に関する規定を置いているものの，いずれも簡素なものにとどまっており，その詳細は，判例の蓄積を通じて具体化され，ICCの独自の法として適用されてきた。言い換えれば，これらの規定の多くについては，各国の国内法との関係で補完性の要件の充足上の問題を生じさせることは想定されていない（国内裁判所で訴追が行われる場合には違法性や責任については当該国の刑法が適用されることを前提としている）と考えられる。

　なお，戦闘員特権[16]に関する第1追加議定書43条2項の規定は，ジュネー

（15）　特別刑法を含む。例えば，人道に対する犯罪に当たる殺人であれば，刑法199条よりも組織犯罪処罰法上の組織的殺人の適用が適切である可能性もある。
（16）　本書第8章参照。

ヴ諸条約や確立された国際法の枠組みに言及する ICC 規程 8 条 2 項(a)及び(b)の構成要件の当然の前提となっていると考えられる。いずれにしても，戦争犯罪行為を行ったロシア兵の訴追については，この点で ICC 規程との齟齬が生じる可能性は低いが，内戦当事者である非国家団体に所属するとも考えられる東部 2 州の戦闘員などの訴追については問題があり得よう[17]。なお，日本においては，戦闘員特権については，国内法上，自衛隊員の戦闘行為については刑法35条の法令による行為に該当し，外国の軍隊構成員の戦闘行為についても，同様に，刑法35条により国際法上の正当な業務による行為として違法性が阻却されるという解釈が妥当であろう。

　ICC 規程第 3 部の中で，補完性の原則の適用に影響を及ぼし得る例外的な規定として，27条の公的資格の無関係，29条の出訴期間の不適用及び33条の上官命令の抗弁の制限がある。これらは，外国公務員の免責などの国際法上の免除，時効，国の行為や法令に基づく行為の国内法上の免責や違法性の阻却など，国内裁判所においてコア・クライムの処罰が適正に行われない法的根拠としてしばしば援用されるものを排除するための規定であり，ニュルンベルク裁判以来のコア・クライム処罰に特有の規定である。仮に，これらの根拠に基づいて国内裁判所が違法性や責任の阻却を認めた場合には，ICC の受理許容性が肯定される可能性がある。なお，上官命令の抗弁の当否については，ウクライナ刑法に，緊急避難に関する39条，強制に関する40条のほか，上官命令に関する41条があり，それらが適切に適用されれば，少なくとも ICC 規程33条の制限を超える同抗弁の許容を理由とした，受理許容性があるとの主張が容れられることは想定しがたい。

　共犯その他の犯罪への関与形態については，25条及び28条に規定されており，その解釈についての ICC 判例も蓄積されつつある。しかし，これらの規定は一般国際法上確立したものとはいいがたく，ニュルンベルク裁判や ICTY を含む国際刑事法廷においても，それぞれ異なる法理が適用されてきた。コア・クライムの多くは集団的・組織的に行われる犯罪であるが，このような犯罪につ

---

　(17)　ロシアによる今回の軍事侵攻以前の東部 2 州における作戦について，ウクライナは「テロとの戦い」との位置づけを行っていたが，ICC は予備的捜査において国際的武力紛争と非国際的武力紛争の混合形態とみなしていたと指摘される。Iryna Marchuk "Domestic Accountability Efforts in Response to the Russia-Ukraine War," *Journal of International Criminal Justice*, Vol. 20, No.4 (2022), p. 787, p. 790.

いての刑事責任に関しては，各国の国内法制の差異が大きく，基本的には各国の法制度に任せられてきた。例えば，組織的な犯罪集団への参加の犯罪化を義務付ける国際組織犯罪防止条約 5 条では，刑事責任の態様について，各国の法制度を勘案した選択を許容する形式がとられている。また，ICC 規程を比較的忠実に国内法化したドイツにおいても，例えば上官責任については自国の法体系に沿った形で規定し直し，かつ，一部の形態について不可罰としている[18]。ウクライナ刑法においては，28 条 2 項の「事前共謀による集団犯罪」に関する規定があるが，この規定を含む同刑法の共犯規定の適用が，ICC の受理許容性判断に影響を与えることは想定しがたい。

III　適正手続

　戦争犯罪などのコア・クライムの国内裁判所における適正な処罰が困難であることの要因の一つは，自国関係者に対する処罰が軽微なものになりがちである一方，敵軍の構成員を含む敵国関係者の捜査・訴追が被疑者・被告人の権利を不当に侵害するものとなる可能性があることである[19]。現実に，自由権規約 4 条に見られるように，一部の人権条約規定は，紛争時などの緊急事態において適用を免除される。これに代わって，例えば，国際的武力紛争においては，紛争当事者の権力内にある者に対する基本的な保障を定める第 1 追加議定書 75 条が，第 4 項において，反対尋問権を含む被告人の防御の権利の保障，刑罰の不遡及，無罪の推定，一事不再理など，司法手続に関する基本的な保障を定めるほか，特に戦争犯罪又は人道に対する犯罪について，第 7 項において，適用される国際法の諸規則に従って訴追され及び裁判に付されるべきであると規定している[20]。しかし，現実には，戦時においてこの規定の完全な遵守を確保することは容易ではない。

　政治的な理由でコア・クライムの処罰において適正手続が軽視されがちであることは，これらの犯罪の捜査・訴追に中立・公正な国際刑事法廷の関与が求められ，あるいは，国際性を加味した混合裁判所が設立される理由の一つでも

（18）　横濱和弥『国際刑法における上官責任とその国内法化』（慶應義塾大学出版会，2021 年）260-300 頁。

（19）　本書第 2 章参照。

（20）　この他に，捕虜については，捕虜条約 99 条などに裁判手続に関連する規定がある。

ある。ニュルンベルク裁判や東京裁判など初期の国際刑事法廷において被疑者・被告人の権利の保障が十分ではなかったことへの反省もあり，ICC規程は，被疑者・被告人の権利について詳細な規定を置いたほか，21条において，ICCが適用する法が国際的に認められる人権に適合したものであることを求める包括的な規定を置いている。

　ウクライナの司法制度はもともと脆弱である。適正手続については，欧州人権裁判所にウクライナを対象とする多数の申立てが行われており[21]，これに加えて，ウクライナの司法制度は深刻な腐敗の問題を抱えていると言われる[22]。今回の事態におけるロシア軍構成員の訴追に当たっては，証拠の評価の方法や欠席裁判の多用などの手続法上の問題のほか，不当に重い量刑も指摘されている。

　国内裁判における適正手続とICCの受理許容性については，上述のアル・セヌーシ事件においても争点の一つとなった。弁護人が，リビアの捜査・訴追における適正手続の欠如を理由にICCの受理許容性が肯定されるべきであると主張したのに対し，上訴裁判部は，ICC規程17条2項の「捜査又は訴追を真に行う意思がない」とは，通常は，被疑者を処罰から免れさせることを意図する場合を指しており，裁判所は国内裁判所における適正手続について一般的な判断を行う立場にはなく，被疑者の権利が完全に守られていないことをもって受理許容性が肯定されるわけではないと述べて弁護人の主張を退けたが，同時に，傍論として，被疑者の権利の侵害が極めて重大である場合，例えば，裁判が処刑のための形ばかりのものであり，適正手続が無視されているような場合には「捜査又は訴追を真に行う意思がない」と考えられる場合があると判示した[23]。この判断に従えば，ウクライナの実体法の適用や刑事手続において極めて重大な人権侵害が行われない限り，ICCが受理許容性を肯定することはないと考えられる。

（21）　"The ECHR in Facts and Figures 2021"（European Court of Human Rights, 2022），p. 11.

（22）　"Ukraine: Venedig-Kommission veröffentlicht zwei Dringlichkeitsgutachten"（Europarat, 6 May 2021），at https://www.coe.int/de/web/portal/full-news/-/asset_publisher/y5xQt7QdunzT/content/id/99178707?_.（as of 30 December 2023）.

（23）　*Gaddafi, supra* note 14, paras. 229–230.

Ⅳ　ウクライナの事態における ICC の役割

1　訴追分担と補完性の原則

　このように，ウクライナ国内裁判所におけるコア・クライムの捜査・訴追と ICC による捜査・訴追の関係は，現実には，どのような場合に ICC の受理許容性が認められるかという観点から検討されるべき問題であり，実体法と手続法の両面においてウクライナにおける捜査・訴追が補完性の原則を満たすか否かが争点となる。補完性の原則は，本来，リビアの事態における 2 事件のように，ICC と関係国の双方が同一の事件について管轄権行使を主張する場合に，これを解決するための原則である。しかし，ICC の活動の初期において，関係国が自国における事件の捜査・訴追を回避し，あえて ICC に付託するいわゆる自己付託が多く行われ，これに伴い，補完性の原則を適用するに当たっては，当事国において捜査・訴追が行われているかをまず審査し，行われている場合に限って「意思又は能力」を審査するという判例が確立した[24]。

　ウクライナは，自国裁判所における訴追を積極的に行うとともに，ICC の管轄権を受諾し，更に，ICC との広範な捜査協力を行っているとみられることから，ICC とウクライナの間には，従来の自己付託事態と比較して，より対等な合意に基づく捜査・訴追分担が行われていると推認される。その場合，両者は，上述の実体法や手続法の差異を勘案して最も効果的な分担を選択することが合理的である。例えば，国際法上の人的免除の対象となるロシアの指導者を被疑者とする事件，ウクライナ領域外での被疑者の身柄の確保や証拠の収集が必要となる事件であって，ウクライナに対する国際協力が得られにくい事件，ウクライナ刑法上刑事責任の追及が困難であったり，政治的な理由で訴追が困難であったりするウクライナ側関係者による犯罪について ICC が訴追を分担することが考えられる[25]。

2　積極的補完性

　「積極的補完性」とは，ICC 検察局が採用した政策であって，上述の補完性の

（24）　*Prosecutor v. Germain Katanga*, ICC-01/04-01/07-1497, Appeals Chamber, 25 September 2009, paras. 1–2, 79.

（25）　尾﨑「前掲論文」（注 4 ）83頁。なお，本章においては，ロシア国内裁判所との関係は論じない。

原則の理解に基づき，ICC が領域国における訴追を支援するというものである。このような支援は ICC の本来業務ではないが，EU 諸国などによる上述の支援はウクライナの刑事司法制度の強化に対するものを含んでおり，その意味で，国際社会を巻き込んだ理想的な積極的補完性が実現していると言える。また，適正手続の確保についても，ICC の関与に多くが期待できないとすれば，欧州人権裁判所における手続や国連・地域人権機関等による介入が極めて重要となる。

お わ り に

　ウクライナにおけるコア・クライムの捜査・訴追は，ICC とウクライナ当局，ひいては，ウクライナを支援する諸国との緊密な協力関係に基づいており，少なくとも表面的には大きな障害は生じていないように見える。他方で，上述の訴追分担並びにウクライナに対する支援ネットワークの存在及び ICC がその中に密接に組み込まれていることについては，ICC の中立性の観点からの批判がある[26]。訴追分担については，かねてより，自己付託に関して，付託政府による政治的利益を目的とした付託に安易に応じているとの批判がある[27] が，訴追の意思と一定の能力を有するウクライナについては，ICC の今後の事件選択によっては，より強い批判も予想される。また，支援ネットワークへの ICC の関与については，従来のアフリカにおける諸事態や近年のパレスティナの事態との比較は避け得ないところだろう。ICC の中立性や正統性は，かつて，締約国数（及び対象となる事件数）の少ない地域に比してアフリカの事態を多く取り上げたことによって疑義を持たれたが，ウクライナとそれ以外の事態の比較は同じ締約国（管轄権受諾国）間の問題であり，ICC の対応によっては，ICC（及びこれを支える西側諸国）に対する，より本質的な批判が生じかねないことに留意する必要があろう。

〔付記〕本章は，『国際人権』34 号に掲載の拙稿（前掲注 4）及び国際法学会 2023 年度研究大会公募パネルでの報告を元に，これらをアップデートしつつ大幅に加筆したものである。

（26）　2022 年の時点で示された懸念としても，例えば，Sergey Vasiliev, "Watershed Moment or Same Old?" *Journal of International Criminal Justice,* Vol. 20, No. 1（2022）, pp. 893–909.

（27）　下谷内奈緒『国際刑事裁判の政治学』（岩波書店，2019 年）75–97 頁。

第11章　ハイブリッド法廷の観点からの評価

中澤祐香

は じ め に

　ウクライナのゼレンスキー大統領は，2022年11月に開催された G20会合で10項目の和平計画を提案した。その計画の中で主張されたのが，ロシアの戦争犯罪を訴追する特別法廷の設立である[1]。

　ウクライナの事態については現在，国際刑事裁判所（ICC）が捜査中であるが，ロシアは ICC 規程の締約国ではない。このような状況の下では，ICC 規程15条の 2 の 5 項に従い，ICC はロシア国民が犯した侵略犯罪について管轄権を行使することはできない。

　他方で，ウクライナ刑法は437条で侵略犯罪について規定しており[2]，ウクライナの国内刑事手続において侵略行為を犯罪として訴追することは可能である。

　しかしながら，国内刑事手続で他国の現職の政府高官を訴追するには，公的地位による免除という障壁がある。そのため，ロシアの政治的・軍事的指導者を侵略犯罪で訴追するには，特別裁判所を設置する必要があるというのがウクライナ側の主張である。

　これを受けて，2023年 1 月には，欧州議会が「ウクライナへの侵略犯罪に関する法廷の設立」と題する決議を採択している。決議は，「EU およびその加盟国は，ウクライナおよび国際社会と緊密に協力し，可能であれば国連を通じて，ロシア連邦およびその同盟国の政治的・軍事的指導部によって行われたウ

（ 1 ）　Lidia Kelly, "Explainer: What Is Zelenskiy's 10-Point Peace Plan?"（Reuters, 28 December 2022）, at https://www.reuters.com/world/europe/what-is-zelenskiys-10-point-peace-plan-2022-12-28/（as of 15 December 2023）.

（ 2 ）　Criminal Code of Ukraine. Art. 437, at https://zakon.rada.gov.ua/laws/show/en/2341-14#Text（as of 15 December 2023）.

133

クライナに対する侵略犯罪を訴追するための特別国際法廷の設立を推進」すると述べた上で，加盟国に対して特別裁判所の設立に協力するよう求めた[3]。

　欧州議会人権小委員会の依頼で作成された報告書では，国連の権限による設立，ウクライナと国際機構の協定による設立，ウクライナと他国との協定による設立が検討されている[4]。報告書は，国連の権限による設立については，ロシアが安保理の常任理事国であることから，安保理の権限で「ロシアの侵略を管轄する法廷を設立することは，不可能ではないにせよ，非常に考えにくい」として，国連総会の権限による設立のみが選択肢となると指摘する[5]。

　しかし，同報告書は，総会決議は勧告にとどまることから，法廷設立の法的根拠にも，この法廷が行使する裁判権の法的根拠にもならないとも指摘している[6]。その上で，国連が直接法廷を設立することには法的な困難が伴うことから，最も幅広い支持を得ている選択肢は，協定による特別法廷の設立であると述べる[7]。さらに，このような協定による設立の場合，ウクライナ国内で必要な法律を採択することによって協定を補完し，法廷の管轄権は，国内刑事裁判管轄権に根拠を置くことになるとする[8]。

　こうした特徴を持つ法廷は，一般にハイブリッド法廷と呼ばれ，実際に，イギリスやアメリカはハイブリッド法廷の設立を支持すると表明している[9]。

（3）　European Parliament Resolution of 19 January 2023 on the Establishment of a Tribunal on the Crime of Aggression against Ukraine（2022/3017（RSP）），P 9 _TA（2023）0015, paras. 3–4.

（4）　See, Olivier Corten and Vaios Koutroulis, "Tribunal for the Crime of Aggression against Ukraine - a Legal Assessment"（European Parliament, 2022）.

（5）　*Ibid.*, p. 14.

（6）　*Ibid.*, p. 16.

（7）　*Ibid.*, p. 16–17.

（8）　*Ibid.*, p. 19.

（9）　"Press release: UK joins core group dedicated to achieving accountability for Russia's aggression against Ukraine,"（Government of the UK, 20 January 2023）, at https://www.gov.uk/government/news/ukraine-uk-joins-core-group-dedicated-to-achieving-accountability-for-russias-aggression-against-ukraine（as of 15 December 2023）; "Ambassador Van Schaack's Remarks on the U.S. Proposal to Prosecute Russian Crimes of Aggression,"（U. S. Department of the State, 27 March 2023）, at https://www.state.gov/ambassador-van-schaacks-remarks/（as of 15 December 2023）.

I　ハイブリッド法廷の性質

これまで，紛争後や移行期の国家において，ハイブリッド法廷あるいは国際化された法廷と呼ばれる刑事法廷が設立されてきた。ハイブリッド法廷について明確な定義はないが，一般に，国内法と国際法の双方が適用される点，国際裁判官と国内裁判官が併存する点など，国際的な要素と国内的な要素が混在する刑事法廷を指す。旧ユーゴスラビア国際刑事裁判所（ICTY）やルワンダ国際刑事裁判所（ICTR）はアド・ホック裁判所と呼ばれているが，これらは国際裁判官，国際検察官によって裁判が行われる点や，国際法を適用し，いかなる国の司法権からも独立して機能しているという点から，「真の」国際刑事法廷であるとしてハイブリッド法廷とは区別されている[10]。

1　ハイブリッド法廷の国際性

本節で検討する法廷や特別裁判所は，設立根拠や適用法規，裁判官の構成などから，一般にハイブリッド法廷に分類されている。しかし，このようなハイブリッド法廷には，「その国の司法の一部であり，関連する国の機関であるもの」と「その性質上国際的なもの，すなわち，国際的合意に基づいて設置され，国内司法の一部ではないもの」の 2 種類があるとされている[11]。

(1) 国連の暫定統治機構のハイブリッド法廷

国連コソボ暫定行政ミッション（UNMIK）の統治下のコソボにおいて，UNMIK 規則2000/64によって設置されたのが規則64パネル（コソボ・パネル）である。コソボ・パネルは国内司法制度における刑事手続きに国際裁判官等が参加するという形をとっており[12]，制度上は国内司法制度の枠組の中にあると言える。

同様に，東ティモールの重大犯罪特別パネル（東ティモール・パネル）も国連東ティモール暫定行政機構（UNTAET）の統治下で，UNTAET 規則2000/11お

---

(10)　Sarah Williams, *Hybrid and Internationalised Criminal Tribunals: Selected Jurisdictional Issues* (Hart, 2012), p. 250.

(11)　Antonio Cassese et al., *Cassese's International Criminal Law* 3rd ed. (Oxford University Press, 2013), p. 265.

(12)　Regulation No. 2000/64: On Assignment of International Judges/Prosecutors and/or Change of Venue, Section 2.

および規則2000/15によって，重大犯罪について排他的管轄権を有する常設の裁判機構として国内裁判所（ディリ地方裁判所およびディリ上訴裁判所）内に設置された[13]。

(2) 関係国と国連・地域機構の協定によるハイブリッド法廷

シエラレオネ特別裁判所（SCSL）は国連とシエラレオネ間の協定である「シエラレオネ特別裁判所の設立に関する国際連合とシエラレオネ政府間の協定（SCSL 協定）」により設立され，同協定に付属する SCSL 規程に従って機能する[14]。シエラレオネの国内法である SCSL 協定批准法11条 2 項は「特別裁判所はシエラレオネの司法制度の一部をなすものではない」として，SCSL がシエラレオネの国内司法制度の枠組の外に作られた独立した裁判所であることを明らかにしている[15]。

他方で，アフリカ特別法廷（CAE）は，チャドの元大統領ハブレを訴追するために，アフリカ連合とセネガルの間で締結された「セネガル共和国政府とアフリカ連合との間の，セネガルの裁判所におけるアフリカ特別法廷の設置に関する協定」に基づいて設置された。CAE は CAE 規程上，セネガルの既存の司法制度の中に位置付けられているという点でSCSL とは異なる[16]。

(3) 安保理決議によるハイブリッド法廷

レバノン特別法廷（STL）は，レバノンのハリーリー首相が2005年に暗殺された事件について，捜査・訴追するために設立された。STL は当初，レバノンと国連の間の協定により設立される予定であったが，レバノンが協定を批准しなかったため，安保理決議1757で協定を発効させることによって STL が設立された[17]。したがって，法的には安保理決議が STL の直接的な設立根拠となる。なお，当該決議には STL 規程が付属している。STL 上訴裁判部は STL を国際法廷であると述べている[18]。

（13）　Regulation No. 2000/11: On the Organization of Courts in East Timor, UNTAET/ REG/2000/11, Section 10.1; Regulation No. 2000/15: On the Establishment of Panels with Exclusive Jurisdiction over Serious Criminal Offences, Art. 1.

（14）　Statute of the Special Court for Sierra Leone, Art. 1.2.

（15）　Special Court Agreement（2002）Ratification Act, 2002, Art. 11.2.

（16）　Statut des Chambres africaines extraordinaires au sein des juridictions sénégalaises pour la poursuite des crimes internationaux commis au Tchad durant la période du 7 juin 1982 au 1er décembre 1990, Art. 2.

（17）　竹村仁美「レバノン特別法廷をめぐる国際刑事法上の諸論点」『北九州市立大学法政論集』40巻 4 号（2013年）203頁，206-207頁。

(4) 国内法によるハイブリッド法廷

カンボジア特別裁判部（ECCC）は，国内法である「民主カンプチア時代に行われた犯罪の訴追のためのカンボジア裁判所における特別裁判部の設置に関する法（特別裁判部設置法）」により設置された。なお，カンボジアは国連との間で，ECCC における訴追に関する協定を締結しているが，この協定は両者の協力関係を規律するものである。特別裁判部設置法 2 条は，既存の裁判組織の中に特別裁判部を設置するとしており，ECCC はカンボジアの国内司法制度の枠組内に位置付けられる[19]。

コソボ特別裁判所は，戦争犯罪及び臓器の違法取引等を処罰することを目的として，コソボ憲法及び国内法であるコソボ特別裁判所法により設置された。同法は，特別裁判所をコソボの国内司法制度の一部と規定している[20]。

中央アフリカ特別刑事裁判所は，国連中央アフリカ多面的統合安定化ミッション（MINUSCA）の報告書を受けて，2015年に暫定議会（National Transitional Council）が採択した「特別刑事裁判所の設置，組織及び機能に関する組織法（組織法）」によって設置された。組織法 1 条は「中央アフリカ共和国の司法制度の中に，特別刑事裁判所と称する国内刑事裁判所を設置する。」と規定している[21]。

以上の例に鑑みれば，国際的な合意や国連の暫定統治の規則のような国際法に基づいて設置された法廷であっても，国内司法制度内に位置付けられる場合もあると言うことができる。ハイブリッド法廷がその性質上国際的であるか否かは，当該法廷の設立根拠が国際法であるか否かではなく，設立文書がいかに規定するかによると考えられる。ただし，国内法によって設置される場合，当該ハイブリッド法廷はその性質上国際的な法廷にはなり得ないと考えられる。

---

(18)　*Prosecutor v. Ayyash et al.*, Case No. STL-11-011/I, Appeals Chamber, 1 February 2012, p. 1, pp. 14-15, paras. 15-16.

(19)　Law on the Establishment of Extraordinary Chambers in the Courts of Cambodia for the Prosecution of Crimes Committed during the Period of Democratic Kampuchea, Art. 2.

(20)　Law on Specialist Chambers and Specialist Prosecutor's Office, Art. 3.

(21)　Loi organique No. 15-003 portant création, organisation et fonctionnement de la Cour Pénale Spéciale, 2015, Art. 1.

2　公的地位による免除とハイブリッド法廷

　以上で検討したハイブリッド法廷の国際性という問題は，ハイブリッド法廷において政府高官の刑事裁判権からの免除を否定しうるかという問題と関わっている。

　政府高官が外国の刑事裁判権からの人的免除を享有することについて争いはない。しかし，ICJ は逮捕状事件で，「刑事裁判権からの免除と個人の刑事責任は全く別の概念である。裁判権免除がその性質上手続的なものであるのに対して，刑事責任は実体法上の問題である。」と述べた上で，現職または元外務大臣は，国際的な刑事裁判所での訴追の対象となりうるとした[22]。ここでいう国際的な刑事裁判所の例としては，ICTY，ICTR および ICC が挙げられている。

　これを踏まえて，免除が適用されない国際的な裁判所であるかが問題となったのが，SCSL による当時現職のリベリア大統領であったテイラーの訴追である。この事件で SCSL は，自らを国際的な裁判所であると述べ，現職国家元首の免除に関する規則は SCSL では適用されないと判断した[23]。

　このような国際的な刑事裁判所における人的免除の否定が国際法上確立しているかについては，見解の対立がある。しかし，2022年の国連国際法委員会報告書では，外国刑事管轄権からの国の公務員の免除に関する条文案の起草作業の文脈で，国の公務員の他国の刑事裁判権からの免除と，ICC および他の国際的な刑事裁判所における免除は，別個の法体系であるという認識を示しており[24]，国際的な刑事裁判所における免除の否定は受け入れられつつあると思われる。

　他方で，これまでに検討されてきたのは主に国際的な刑事裁判所における免除であり，ハイブリッド法廷の場合にも免除が否定されうるかは問題となる。外国刑事管轄権からの国の公務員の免除に関する条文案 1 条 3 項は，「本条文案は，国際的な刑事裁判所および国際刑事法廷を設置する国際的合意の締約国間において，当該合意の締約国の権利及び義務に影響を及ぼすものではない。」

（22）　Case concerning the Arrest Warrant of 11 April 2000,（Democratic Republic of the Congo v. Belgium）, Judgment, I.C.J. Report 2002, pp. 25–27, paras. 59–61.

（23）　*Prosecutor v. Taylor*, Case No. SCSL-2003-01-I, Appeals Chamber, 31 May 2004, pp. 19–21, paras. 38–42.

（24）　UN Doc. A/77/10, p. 195.

としているが，本項のコメンタリーにおいて ILC は，「ハイブリッドまたは国
際化された法廷は，普遍的または地域的な国際機構のイニシアチブの結果も含
め，国内法の規定によって設置されることが多い」ことから，「国際的合意」
という文言が適切かどうか疑問を呈している[25]。こうした記述に鑑みるに，
ILC は，国内法によって設置されたハイブリッド法廷においても人的免除が否
定される可能性を排除しているわけではないと言える。

　しかしながら，一般的には，少なくとも国内司法制度の一部であるハイブ
リッド法廷については，人的免除が適用されると見られている[26]。したがっ
て，ハイブリッド法廷において免除が否定されるか否かにおいては，ハイブ
リッド法廷の国際性が決定的な要素となりうる。

　すなわち，ハイブリッド法廷が国内司法制度内に設置された場合は，当該法
廷が適用法規や裁判官の構成に国際的な要素を持つとしても，組織的な観点か
らはあくまで国内手続の範疇にとどまるとして，外国刑事管轄権からの免除に
関する慣習法が適用されると思われる。このような場合は，現職の国家元首や
政府高官について人的免除が認められ，これらの人物を訴追することはできな
いと考えられる。一方で，ハイブリッド法廷が性質上国際法廷であるとされれ
ば，国際的な刑事裁判所における免除に関する規範が適用され，現職の国家元
首や政府高官についても訴追が可能となりうる。

II　「ウクライナ特別法廷」の合憲性

　ウクライナでの設立が検討されているハイブリッド法廷（以下，ウクライナ
特別法廷と仮称する。）が，国内司法制度内に位置付けられるか，性質上国際的
な法廷となるか，また国内裁判所との関係がどのように規定されるかという点
については，現段階の議論からは明らかではない。しかし，国内司法制度の一
部であるにせよ，国際的なものであるにせよ，ハイブリッド法廷という新しい
裁判機構による管轄権行使を認める上では，ウクライナ憲法に合致するかが問
題となる。

（25）　*Ibid.*, p. 203.
（26）　Williams, *supra* note 10, p. 335.

1　ウクライナ特別法廷の管轄権と国内裁判所の管轄権の関係

ハイブリッド法廷が国際的な法廷として設立された場合，国内裁判所との管轄権の調整が問題となりうる。これまでに設立されたハイブリッド法廷のうち，SCSL[27]，STL[28]，コソボ特別裁判所[29]，中央アフリカ特別裁判所[30] は国内裁判所に対して優先管轄権を有し，東ティモール・パネルは排他的管轄権を有すると規定されている[31]。ウクライナ特別法廷もまた，他のハイブリッド法廷と同様に優先管轄権または排他的管轄権を持つ可能性がある。

一方で，ICC とは異なり，管轄権について補完性の原則を規定するハイブリッド法廷は見られない。しかしながら，ウクライナ特別法廷を設立する際に，国内裁判所を補完するとの規定が設けられる可能性も否定はできない。

ウクライナの国内裁判所と国際的な裁判所との関係に関しては，ICC の補完性の問題が，2001年にウクライナ憲法裁判所が出した ICC 規程の合憲性に関する意見書で扱われている。ウクライナは2000年に ICC 規程に署名したが，批准の際に規程の合憲性が問題となり，大統領が憲法裁判所に意見書を要請したのである[32]。ウクライナ憲法裁判所は，諮問された論点のうち大部分については合憲としたが，ICC 規程の補完性の原則が憲法124条 1 項および 3 項に違反すると判断した[33]。

---

(27)　Statute of the SCSL, *supra* note 14, Art. 8.

(28)　Statute of the Special Tribunal for Lebanon, Art. 4.

(29)　Law on Specialist Chambers and Specialist Prosecutor's Office, *supra* note 20, Art. 10.

(30)　Loi organique No. 15–003, *supra* note 21, Art. 3 and 36; 一方で，ICC との関係では，ICC が優越することが規定されている（37条）。

(31)　Regulation No. 2000/11, *supra* note 13, Section 10.1; Regulation No. 2000/15, *supra* note 13, Art. 2.3.

(32)　Iryna Marchuk, "Ukraine and the International Criminal Court: Implications of the Ad Hoc Jurisdiction Acceptance and Beyond," *Vanderbilt Journal of Transnational Law,* Vol. 49, No. 2 (2016), p. 323, pp. 326–327; Конституційний Суд України, Висновк Конституційного Суду України у справі за конституційним поданням Президента України про надання висновку щодо відповідності Конституції України Римського Статуту Міжнародного кримінального суду (справа про Римський Статут), 11 липня 2001 року, Справа N 1 -35/2001, at https://zakon.rada.gov.ua/laws/show/v003v710-01?lang=en#Text (as of 15 December 2023), para. 2.1; See, Opinion of the Constitutional Court on the conformity of the Rome Statute with the Constitution of Ukraine, Case N 1 -35/2001, 11 July 2001, Unofficial Translation by the ICRC, at https://www.legal-tools.org/doc/baf475/pdf/ (as of 15 December 2023).

(33)　Constitution of Ukraine (1996), at https://rm.coe.int/constitution-of-ukraine/168071f58b (as of 15 December 2023); 1996年のウクライナ憲法124条は 1 項で「ウクライナにおける裁判は，専ら裁判所によって行われる。裁判所の権限の移譲及び他の機関又は職員によ

　憲法裁判所は，124条1項，3項および125条2～4項によれば，ウクライナにおける裁判は専ら憲法裁判所，最高裁判所，高等専門裁判所，控訴裁判所，および地方裁判所によって行われ，裁判所の権限の移譲および他の機関又は職員によるこれらの権限の行使は，許されないと指摘する[34]。その上で憲法裁判所は，ICC規程前文10項および1条はICCの補完性を規定しているが，憲法55条4項で利用が認められている欧州人権裁判所は国内的救済手段をすべて尽くした後にのみ申立が可能であることから補助的な手段であるとして，ICCの補完性との違いを強調した[35]。そして，ウクライナの司法制度が他の機関によって補完される可能性は憲法に規定されていないため，規程前文10項および1条は憲法124条1項および3項に合致しないと述べた[36]。

　これについて，憲法裁判所がこのように判断したのは，ICCの補完性が国際犯罪に対する管轄権を国内裁判所から奪うことになると誤解したためであるとの批判がある[37]。

　その後，2016年の憲法改正で旧124条3項の規定が削除され，新124条6項でICCの管轄権を承認することができるようになった[38]。しかし，新124条6項はあくまでICCの管轄権を認めたに過ぎず，他の国際的な刑事裁判所と国内裁判所の関係は明らかではない。つまり，問題となった旧124条1項と同旨の新124条1項および2項の解釈上，ウクライナで裁判を行うことができる裁判所に，ハイブリッド法廷が含まれるのかが問題となる[39]。

　この点，憲法裁判所が，旧124条1項と3項とを併せ読むことで，国内裁判所以外の裁判所が国内裁判所を補完することができないと判断したのであれば，

　　るこれらの権限の行使は，許されない。」，3項で「司法手続は，ウクライナ憲法裁判所及び一般管轄裁判所によって行われる。」と規定している。

（34）　Конституційний Суд України, *supra* note 32, para. 2.1.

（35）　*Ibid*.

（36）　*Ibid*.

（37）　Marchuk, *supra* note 32, pp. 331-332.

（38）　2016年の改正でウクライナ憲法124条6項は「ウクライナは，国際刑事裁判所ローマ規程の定める条件に従い，国際刑事裁判所の管轄権を承認することができる。」と規定した。その後，2019年2月および同年9月に憲法のその他の規定が改正されており，これが現行憲法である；Constitution of Ukraine（2019）, at https://zakon.rada.gov.ua/laws/show/en/254к/96-вр#Text（as of 15 December 2023）.

（39）　*Ibid*., Art. 124; 2016年に改正されたウクライナ憲法124条は，1項で「ウクライナにおける裁判は，裁判所によってのみ行われる。」，2項で「裁判所の権限の移譲及び他の機関又は職員によるこれらの権限の行使は，禁止される。」と規定する。

旧124条 3 項が削除されたことで，新124条 1 項および 2 項の「裁判所」が国際的な裁判所を含む司法機関を指すと解釈することもできる。実際，旧124条 1 項は，法の支配の観点から国内レベルの司法権を裁判所に集約しようとする規定であって，国際法廷の管轄権を制限するためのものではなかったとの指摘もある[40]。

　しかし，新124条 1 項および 2 項にいう裁判所が，依然として国内裁判所のみに限定する趣旨であると解釈されれば，ICC ではない，国際的な性質を持つハイブリッド法廷が国内裁判所を補完することは認められない可能性がある。

　また，ウクライナ特別法廷が，排他的または国内裁判所に優先する管轄権を持つことができるかも問題となりうる。欧州人権裁判所のような「補助的」な国際裁判所は合憲だとする憲法裁判所の考え方によれば[41]，国内裁判所の手続が尽くされた上であれば，国際的な裁判所が管轄権を行使することは合憲だと考えられる。裏を返せば，国内的手続が尽くされないまま国際的な裁判所が管轄権を行使すれば，憲法124条に違反する可能性を否定できないのである。

　仮に，ウクライナ特別法廷が国内裁判所に対して優先的または排他的管轄権を持つとされれば，国内裁判所は同一の事件について裁判を行うことはできなくなるため，そのような管轄権を持つ特別法廷を設置することの合憲性には疑問が残る。これは，先述の ICC の補完性が国内裁判所から管轄権を奪うと解釈されたために憲法124条に抵触すると判断されたという見解とも矛盾しない[42]。

2　特別裁判所の設置を禁止する規定との関係

　上記のほかに意見書で検討された論点に，憲法125条 5 項が臨時裁判所および特別裁判所の設置を禁止しているという問題がある。憲法裁判所は，125条 5 項にいう特別裁判所とは，第一に，国際裁判所ではなく国内裁判所であり，第二に，法で定められた手続きに適切に従わない，通常の裁判所に代わる裁判所であるとして，ICC は禁止される特別裁判所に該当しないと述べた[43]。

（40）　Alexander Komarov and Oona A. Hathaway, "Ukraine's Constitutional Constraints: How to Achieve Accountability for the Crime of Aggression,"（Just Security, 2022）, at https://www.just-security.org/80958/ukraines-constitutional-constraints-how-to-achieve-accountability-for-the-crime-of-aggression/（as of 15 December 2023）.

（41）　Конституційний Суд України, *supra* note 32, para. 2.1.

（42）　Marchuk, *supra* note 32, pp. 331-332.

　人権保障の観点から，適正手続が保障されない裁判所の設立が禁止されるの
は言うまでもない。この点，125条5項にいう特別裁判所および臨時裁判所は，
旧ソ連で行われた超法規的な簡易裁判を想定したもので，同項はそのような裁
判所の設立を禁止する趣旨であり，国際的な裁判所を制限するものではないと
いう見方が一般的であるとも言われている[44]。この立場からは，ウクライナ
特別法廷が国内法廷としてではなく，国際的な法廷として設立されるのであれ
ば，125条5項に抵触しないと考えられる[45]。

　しかし，このような見解が妥当だとしても，適正手続が保障され，かつ，特
定の目的を持つ特別法廷をウクライナ司法制度内に設立することが，憲法125
条5項に違反するか否かは問題となる。この点について，超法規的な裁判を排
除することがこの規定の趣旨であるとすれば，当該法廷が国内司法制度の一部
として設立されたとしても，直ちに125条5項に違反するとは考えにくい。

　その一方で，125条5項を厳格に解釈し，国際裁判所ではないハイブリッド
法廷の設立は憲法上の問題を提起するという見解もあり[46]，この問題につい
てはさらなる検討が必要である。

おわりに

　これまでに検討した通り，ウクライナにおけるハイブリッド法廷の設立には
様々な問題が生じうる。特に，侵略犯罪についてロシアの現職の政府高官を訴
追することを目的としてハイブリッド法廷を設立する場合，人的免除の観点か
ら，当該ハイブリッド法廷は国際的な法廷でなければならない。実際，報道に
よればウクライナは国際的な法廷の設立を求めている。

　しかし，ウクライナが国連やEUなどの国際機構との協定によって国際的な
ハイブリッド法廷を設立したとしても，当該法廷の管轄権行使がウクライナ憲
法124条に違反するのではないかという懸念がある。一方で，ウクライナの国
内司法制度内にハイブリッド法廷を設立すれば，特別裁判所および臨時裁判所

（43）　Конституційний Суд України, *supra* note 32, para. 2.1.

（44）　Komarov and Hathaway, *supra* note 40.

（45）　*Ibid.*

（46）　Evhen Tsybulenko and Henna Rinta-Pollari, "Legal Challenges in Prosecuting the Crime of Aggression in the Russo-Ukrainian War," *Review of Central and East European Law*, Vol. 48 （2023）, p. 319, p. 343.

の設立を禁止する憲法125条の規定に抵触する可能性が否定できない。この点，EUやイギリス，アメリカは国内司法制度内に法廷を設立する案を支持しているが，上記の理由から実現可能性には疑問が残る。

　また，その他の論点として，ICCの補完性原則とハイブリッド法廷の関係も問題になりうる。一般に，ハイブリッド法廷が国内司法制度内に設立された場合は，免除の場合と同様に，国内手続の範疇にとどまるとして，通常の国内刑事手続と同様に補完性原則が適用されるだろう。一方で，ICC規程17条は，あくまで国の捜査・訴追との関係を規定したものであり，国際法廷として設立されたハイブリッド法廷には補完性原則は適用されないと考えられる。

　ただし，ウクライナ特別法廷が侵略犯罪のみを事項的管轄とする場合，ICCは侵略犯罪について管轄権を行使できないことから，両者の間で補完性や管轄権の競合が問題になる可能性はない。他方で，ウクライナ特別法廷が侵略犯罪以外のコア・クライムも事項的管轄に含む場合には，当該法廷とICCの管轄権が競合することになるため，管轄権の調整が必要となる可能性がある。

　現在の国際刑事法は，国際裁判所と国内裁判所の二元論的な考え方を背景に成り立っている。しかし，実際の国際刑事司法においては，ICCやICTY，ICTRといった真の国際裁判所と純粋な国内裁判所の間に，性質上国際的なハイブリッド法廷，「国際化された国内裁判所」ともいうべきハイブリッド法廷，および国際的な支援を受けた国内裁判所という段階が存在する[47]。こうした多様な刑事法廷において，二元論的な考え方に基づいて発展してきた補完性原則や免除に関する国際法を適用することは容易ではない。

　特に人的免除については，免除を否定しうる国際裁判所の条件が不明確である一方で，コア・クライムに対する訴追の要請は高まっており，ハイブリッド法廷を含む国際刑事司法における人的免除について，新たな視点に基づく議論が必要であろう[48]。

〔付記〕本章は，国際法学会2023年度研究大会公募パネルでの報告を元に加筆したものである。

---

(47)　Williams, *supra* note 10, p. 250.
(48)　免除については，以下も参照。越智萌「国際刑事法廷の設置根拠による人的免除への影響 ──『侵略犯罪のための特別法廷』設置案の検討」『立命館国際研究』36巻1号（2023年）31頁。

付録1　ウクライナ国内裁判所による判例一覧（2023年12月末現在）

	事件名	判決日	犯罪日
1	シシマリン事件	22.5.23	22.2.28
2	ボビキン＆イワノフ事件	22.5.31	22.2.28
3	ザハロフ事件	22.8.3	22.3.3
4	クリロフ事件	22.8.8	22.2.26
5	フィラトフ事件	22.8.31	22.3.1
6	シュテイネル事件	22.9.29	22.3.9-28
7	シシマリン事件上訴審	22.9.29	22.2.28
8	クリエフ＆チュディン事件※	22.11.2	22.3.9
9	シュルトゥモフ＆アガナエフ事件	22.11.17	22.3.1
10	イリシャノフ事件	22.11.24	22.3.28
11	オコンニコフ事件	22.11.25	22.3.15
12	ティシェニン＆シャンバゾフ事件	22.12.19	15.2.5-6
13	ハルキウ拷問事件	22.12.23	22.9.1-3
14	コテルヴァ略奪事件	22.12.26	22.3.4-5
15	チェルニヒウ脅迫事件	23.1.10	22.3.3
16	チェルニヒウ虐待事件	23.1.12	22.3.3
17	徴兵事件(1)	23.1.30	18.10.24-
18	クズネツォフ事件	23.2.17	22.3.13-17
19	スーミ略奪事件	23.3.1	22.3.15
20	RTPSハルキウ空爆事件	23.3.2	22.3.6
21	ヤギドヌイ脅迫・略奪事件	23.3.8	22.3.4
22	ダンパエフ事件	23.3.27	22.3.8
23	リハチェワ事件	23.3.28	15.1.23
24	シチョトキン事件	23.4.11	22.2.26
25	ハルドロフ事件	23.4.20	22.3.2-4
26	徴兵事件(2)	23.4.24	19.3.27-
27	カルポフ事件	23.4.26	22.2.26
28	マホフスキー＆ドンガク事件	23.4.27	22.3.6
29	スミルノフ＆ムハメトハノフ事件	23.5.9	22.3.18
30	9人の軍人事件	23.5.12	22.3.20, 23, 29-31
31	ヤスニコフ＆マルコフ事件※	23.5.15	—
32	バザン事件	23.5.24	22.3.15
33	クラル事件	23.5.29	22.3.10
34	"ジュニアアーミー"事件	23.6.15	16.12.22-
35	ノモコノフ事件	23.6.28	22.3.20
36	バザルジャポフ事件	23.6.28	22.3.23
37	オンダル事件	23.7.17	22.2.28
38	ベロジョロフ事件	23.8.1	22.3.12, 13, 15
39	クズバルマコフ事件	23.8.15	22.3.9
40	ドゥダレフ事件	23.8.28	22.3.14
41	サディコフ事件	23.8.30	22.3.24
42	アブガリャン事件	23.9.14	22.3.24-25, 29
43	グレベニューク事件	23.10.10	22.3 初頭
44	スーミの3人の軍人事件	23.10.18	22.3.3
45	アントフ事件	23.10.23	22.3.9
46	クラスノヤルツェフ事件	23.10.26	22.3.5
47	ノヴァ・カフホカの平和的抗議への攻撃事件	23.10.30	22.3.6
48	セメンチャテンコ事件※	23.11.22	22.5.21-25
49	ハチャトゥリャン事件	23.12.04	22.3.19-21
50	ケルジャエフ事件	23.12.06	22.6.23
51	アキニヤゾフ事件	23.12.11	22.3.6-8
52	ヴォジソフ事件	23.12.11	22.3.10

※の事件は判決文が公開されていないため，当該事件の情報は報道などに基づく

主な罪状	犯行地の状況	量刑	加重	捕虜交換	欠席裁判
文民への攻撃	前線	終身刑	○		
無差別攻撃	後方への攻撃	11.5 年	○	○	
略奪	占領地域	12 年		○	
民用物への攻撃	前線	10 年		○	
略奪	前線	8.5 年		○	
略奪，財産の破壊	占領地域	9 年			○
文民への攻撃	前線	終身刑→15 年	○→なし		
性的暴行	占領地域	12, 10 年	—	—	○
拷問，略奪	占領地域	12 年	○		○
残虐な取り扱い，略奪	占領地域	10 年	○		○
残虐な取り扱い，性的暴行	占領地域	11 年	○		○
拷問，不法な抑留	占領地域	10, 9 年	○		○
拷問	占領地域	11 年	○		
略奪	占領地域	9 年			
不法な抑留，脅迫	占領地域	10 年	○		○
残虐な取り扱い	占領地域	12 年	○		○
占領地住民の徴兵	占領地域	11 年			○
拷問	占領地域	12 年	○		○
略奪	占領地域	10 年			○
民用物への攻撃	後方への攻撃	12 年	○	○	
略奪，脅迫	占領地域	12 年	○		○
殺人未遂	占領地域	12 年	○	○	
強制移送	占領地域	10 年			○
民用物への攻撃	前線	11 年			○
略奪，脅迫	前線	11 年			○
占領地住民の徴兵	占領地域	8 年			○
殺人，殺人未遂	前線	終身刑			
虐待	占領地域	11.5, 11 年			○
病院への攻撃	前線	11 年			
虐待	占領地域	12, 11.5, 11 年	○		○
民用物への攻撃	占領地域	12 年	—	—	○
脅迫	占領地域	11 年	○		○
残虐な取り扱い，脅迫，不法な抑留	占領地域	10 年	○		○
占領軍志願の宣伝	占領地域	10 年			
略奪	占領地域	9 年	○		○
残虐な取り扱い	占領地域	11 年			○
拷問，略奪，脅迫	占領地域	12 年	○		○
残虐な取り扱い，略奪，脅迫	占領地域	12 年			○
残虐な取り扱い，略奪，脅迫	占領地域	10 年			○
暴行，脅迫，不法な抑留	占領地域	12 年			○
略奪，脅迫	占領地域	11 年			○
残虐な取り扱い，略奪	占領地域	12 年	○		○
残虐な取り扱い，脅迫	占領地域	15 年＋財産没収			
略奪	占領地域	10 年	○		○
略奪	占領地域	12 年	○		○
殺人	後方	14 年		○	
傷害，暴行	占領地域	12 年	○		○
不法な抑留	占領地域	12 年	—	—	○
人質	占領地域	12 年			○
殺人未遂	占領地域	15 年	○		○
拷問，非人道的待遇，不法な抑留	占領地域	12 年	○		○
拷問，非人道的待遇，人質	占領地域	10 年			○

付録 2　ウクライナ刑法翻訳（関係規定抜粋）

　翻訳にあたっては，ウクライナ最高会議（議会）公式サイトの英訳（https://zakon.rada.gov.ua/laws/show/en/2341-14#Text）における，訳出時点での最新版（2024年3月28日）を底本とした。同バージョンは，本書で扱われたウクライナ国内裁判の各事件よりも後のものであり，この間に改正の対象となった規定も一部あるが（442条2項），ウクライナ刑法は頻繁に改正されていることから，便宜上，最新版を訳出することとした（同項については，英訳が法改正に対応しておらず，ウクライナ語の原文と英訳との間に齟齬がみられたため，英訳からではなく，ウクライナ語の原文から直接邦訳した）。

　このほか，訳出に当たって参考にしたものとして，次のものがある。

- 上野達彦「ウクライナの新しい刑法典(1)」『三重大学法経論叢』20巻2号（2003年）173頁以下
- Oksana Korotiuk（ed.）, *Criminal Code of Ukraine: Edition 2022*（OVK, 2022）
- Sharing Electronic Resources and Laws on Crime, Criminal Code of Ukraine（as of 2010）, at https://sherloc.unodc.org/cld/document/ukr/2001/criminal_code_of_ukraine.html（as of 10 January 2024）

第28条　人の集団，事前の共謀に基づく人の集団，組織的集団又は犯罪組織による犯罪の実行

1. 複数（2人以上）の正犯者が，事前の共謀なく犯罪に関与したときは，犯罪は，人の集団により行われたものとする。
2. 犯罪を共に行うことをあらかじめ，すなわち犯罪の開始の前に共謀した複数（2人以上）の者により，犯罪が共同で行われたときは，犯罪は，事前の共謀に基づき人の集団により行われたものとする。
　〔…〕

第39条　緊急避難

1. 緊急避難の状況において，すなわち，自己若しくは他人の人格若しくは法的に保護される利益，又は公共の利益若しくは国家の利益に対する切迫した危険を防ぐために，法的に保護される利益に対して危害を加えることは，当該危険が他の手段によっては防ぐことができず，かつ，緊急避難の限度を超えないときは，犯罪を構成しない。
　〔…〕

第40条　身体的又は心理的な強制

1. 法的に保護される利益に対する危害を生じさせた作為又は不作為は，自己の行為を統制することができなくなるような直接の身体的強制の下でなされたときは，犯罪を構成しない。

2. 法的に保護される利益に対する危害を生じさせたことについての刑事責任に関する判断は，その者が自己の行為を統制することは可能な身体的強制の下で，又は心理的強制の下で行われたときは，第39条の例による。

第41条　命令又は指揮への服従

1. 法的に保護される利益に対する危害を生じさせた作為又は不作為は，適法な命令又は指揮に従うためになされたときは，適法とする。

2. 命令又は指揮は，その権限の範囲内で行動する適当な者により適切に発せられ，その内容において適用される法と矛盾せず，かつ，人間及び市民の憲法上の権利及び自由を害しないときは，適法とする。

〔…〕

4. 明白に犯罪的な命令又は指揮に従った者は，当該命令又は指揮を遂行するためになされた行為について，一般的な事由に基づき刑事上の責任を負う。

5. 命令又は指揮の犯罪的な性質を知らず，かつ知ることができなかったときは，当該命令又は指揮を遂行する過程でなされた行為についての刑事責任は，犯罪的な命令又は指揮を発した者についてのみ生じる。

第66条　刑を減軽する事由

1. 刑の量定上，次に掲げる事由は，刑を減軽する事由とする。

〔…〕

（6）脅迫，強制又は物的，公的その他の依存関係の影響により，犯罪を行ったこと；

〔…〕

第67条　刑を加重する事由

1. 刑の量定上，次に掲げる事由は，刑を加重する事由とする。

〔…〕

（2）事前の共謀に基づき人の集団により犯罪を行うこと（第28条第2項又は第3項）；

〔…〕

（6）老年者，障害者，無力な状態にある者，又は精神障害を有する者，特に認知症又は知的障害を有する者に対して犯罪を行うこと，及び幼年者若しくは児童に対して，又は児童のいる場において犯罪を行うこと；

〔…〕

第20章　平和，人類の安全及び国際的法秩序に対する罪

第437条　侵略戦争の計画，準備及び遂行

1. 侵略戦争若しくは武力紛争の計画，準備若しくは遂行又はそれらを目的とした共謀を行った者は，7年以上12年以下の拘禁刑に処する。
2. 侵略戦争又は侵略的軍事作戦を実施した者は，10年以上15年以下の拘禁刑に処する。

第438条　戦争の法規及び慣例の違反

1. 捕虜又は文民の虐待，強制労働のための文民の追放，占領地域における国民的な文化財の略奪，国際文書により禁止される戦闘方法の使用，ウクライナ最高会議により批准された国際条約により規定されたその他の戦争の法規及び慣例の違反並びにそれらの行為を命じた者は，8年以上12年以下の拘禁刑に処する。
2. 前項の行為に故意殺人が伴う場合には，10年以上15年以下の拘禁刑又は終身刑に処する。

第441条　エコサイド

動植物の大量破壊を行い，大気若しくは水資源を汚染し，又はその他環境災害を引き起こしうる行為を行った者は，8年以上15年以下の拘禁刑に処する。

第442条　ジェノサイド

1. ジェノサイド，すなわち，国民的，民族的，人種的，宗教的集団の全部又は一部の破壊を目的として故意に行われる行為であり，当該集団の構成員を殺害し，当該集団の構成員の身体に重大な傷害を加え，当該集団の全部又は一部の身体的破壊をもたらすことを意図した生活条件を創出し，当該集団における出生を減少させ若しくは妨げ，又は児童をある集団から他の集団に強制的に移す行為を行った者は，10年以上15年以下の拘禁刑又は終身刑に処する。
2. ジェノサイドを公然と扇動し，又はジェノサイドを扇動する内容の資料を頒布の目的で作成し，若しくはそのような資料を頒布した者は，5年以下の保護観察又は5年以下の拘禁刑に処する[1]。

（1）〔訳注〕2023年8月23日付の法改正（第3342-IX号）により，法定刑が本文のとおり改められている。改正前の法定刑は，「6月以下の拘留又は5年以下の拘禁刑」であった。

〈編者〉

新 井　京（あらい・きょう）

　　同志社大学法学部教授

越 智　萌（おち・めぐみ）

　　立命館大学大学院国際関係研究科准教授

ウクライナ戦争犯罪裁判 ── 正義・人権・国防の相克
War Crime Trials in Ukraine: The Trilemma between Justice, Human Rights and National Defence

2024 年（令和 6 年）7 月 15 日　初版第 1 刷発行

　　　　　　　　　編　者　　新 井 京 ・ 越 智 萌
　　　　　　　　　発行者　　今　井　　　貴
　　　　　　　　　発行所　　信山社出版株式会社
　　　　　　　（〒113-0033）東京都文京区本郷 6-2-9-102
　　　　　　　　TEL 03（3818）1019／FAX 03（3818）0344
Printed in Japan　　　　　　　　　印刷・製本／藤原印刷

Ⓒ編著者，2024．　ISBN978-4-7972-8790-5 C3332

コンパクト学習条約集〔第3版〕
芹田健太郎 編集代表
黒神直純・林美香・李禎之
新井京・小林友彦・前田直子

国際刑事手続法の原理
国際協働におけるプレミスの特定
越智 萌

国際刑事手続法の体系
「プレミス理論」と一事不再理原則
越智 萌

国際人権・刑事法概論〔第2版〕
尾﨑久仁子

信山社